청송골
수행기

교도소에서 온 편지

―
•

청송골 수행기

지혜의눈 편집부 엮음

* 이 도서의 국립중앙도서관 출판예정도서목록(CIP)은 서지정보유통지원시스템 홈페이지(http://seoji.nl.go.kr)와
국가자료종합목록 구축시스템(http://kolis-net.nl.go.kr)에서 이용하실 수 있습니다.
(CIP제어번호 : CIP2020002156)

초판 1쇄 발행 2019년 8월 20일
개정 1쇄 발행 2020년 1월 25일

글 쓴 이   교도소 재소자
엮 은 곳   사단법인 보리수 도서출판 지혜의눈
편집디자인   지혜의눈 편집부
표지디자인   지혜의눈 편집부

출 판 등 록   2019년 5월 7일 696-82-00281
주   소   경북 상주시 공검면 오태지동길 185-15
이 메 일   hwahyun@2gak.com
전 화 번 호   054-541-2057
팩   스   054-541-2059
홈 페 이 지   2gak.com

I S B N   979-11-87374-02-2 03220

어둡고 외로운 곳에서도

부처님의 가르침은 빛을 잃지 않습니다.

어둡다는 생각, 밝다는 생각 모두

똑같은 깨달음의 법칙 위에 있기 때문입니다.

스스로의 위대함을 되찾는 수행의 길에

동행해보시기 바랍니다.

차 례

* 큰스님

경북 상주에 위치한 불경해석전수도량 도각사 회주 이각큰스님을 지칭합니다. 후학들에게 불경 해석법을 30여년 간 전수하시며 금강경, 원각경, 능엄경, 아미타경, 유마경을 완역하셨습니다. 또한 불경해석도량 도각사 법화경 법회, 국회 금강경 법회, 청송교도소 불교집회를 주관하시며 스스로의 위대함을 일깨워주고 계십니다.

* 청송골

경북북부교도소(구 청송교도소)를 말합니다.

* 수용자(재소자)와 수형자

수용자(재소자)는 교도소 또는 구치소에 수감된 사람을 말합니다. 그중 판결이 확정되어 형집행을 받은 수용자는 수형자(기결수용자), 판결이 미확정되어 구금 중인 수용자는 미결수용자라고 합니다.

* 방학

혹서기인 8월과 혹한기인 1월·2월은 대강당의 냉난방이 어려워 교도소에서 매주 진행하는 종교집회를 쉬는데, 그 기간을 방학이라고 합니다.

* 계간『지심』

사회봉사단 지심회의 후원, 불경해석도량 도각사와 새로고침 멘토링센
터, 도서출판 지혜의눈 등 출가자들의 재능기부로 사단법인 보리수에서
발행하는 계간 잡지입니다. 정신적 양식이 필요한 국회, 관공서, 군부대,
교도소, 병원 등에 정기적으로 배포 중입니다.

* 사회봉사단 지심회

사회봉사단 지심회는 모든 인류의 행복과 안녕을 위한 평등한 봉사실천
을 기본원칙으로 하는 사단법인 보리수 산하 비영리민간단체입니다. 지
심회는 의료봉사를 중심으로 사회의 그늘에 있는 상대적 약자들이 정신
문화와 보건의 형평성을 보장받고 모두가 함께 행복해지는 화합과 상즉
의 원리를 지향합니다. 남이란 나의 또다른 모습이라는 것을 깨닫고 배운
대로 실천하는 사회봉사단체입니다. 현재 교도소 내 인성교육에 간식 및
후원금을 지원하고 있습니다.

개정판에 부쳐

불경해석전수도량 도각사 회주
이각큰스님

수천 년의 역사를 가진 인류와 사회에 아직까지 진리가 전해지지도 않고 세계의 실체가 밝혀지지도 않았음은 그 어떤 문제보다 안타까운 일이다. 아니 진리라는 말의 실질적 의미도 명확하지 않고 세계라는 것의 실체도 역시 그러하며 이 세계를 살아가는 주인공인 '나'의 실체 또한 정리 되어있지 않다. 찰나마다 변화하는 세상과 이를 바라보며 그 속에서 살아가는 인간과의 관계도 명확하게 정리되지 않았기에 모든 교육은 제각각의 주장과 견해에 불과한 것이 되어 서로의 합리적 접점을 얻지 못하고 있다. 이에 따라 갈등과 경쟁과 투쟁 나아가 전쟁이 끊어질 길이 없었으며 이대로라면 앞으로도 영원히 달라질 것은 없을 것이다. 이러하기에 수천 년 전에도 도둑이 있었고 살인이 있었으며 지금도 역시 그러한 범죄들 중 단 한 가지도 해결하지 못한 채 죄와 벌이 시시각각으로 반복되는 것이 아니겠는가?

범죄가 없다 해도 세상살이는 그리 만만한 일이 아니다. 의식주를 해결하는 것 자체도 쉽지 않건만 이에 병마와 죽음마저 한시도 떨어지지 않고 각자가 처하는 곳마다 따라다니니 밤과 낮을 가리지 않고 주의와 염려, 공포 등에 모든 인간뿐만 아니라 동물들까지도 속박 당하고 있는 것이다. 이토록 아슬아슬한 삶이란 결코 안락하다고 할 수 없는 상황이기에 '죽지 못해 산다'라는 말이 누구나 공감하는 관용구가 되지 않았는가.

만약 진정 편안하고 행복한 삶을 추구한다면 이 모든 고통의 숙제를 해결해야만 한다. 마치 등산을 하려는 자가 산의 형태와 높이 등의 정보를 확실하게 연구하여 알고 올라가야 사고를 피해 정상을 정복할 수 있듯이 우선 생사의 실체와 삶의 주인공인 '나'의 실체, 나아가 세상과 나와의 관계와 그 실체 등을 확실하게 알아야 고통을 해결할 수 있을 것이다. 먼저 현대사회를 살아가는 우리가 아는 것은 무엇이며, 모른 채 부딪히고 있거나 어쩔 수 없이 당해야만 하는 것들이 어떤 것인가를 냉정히 짚어보아야 한다.

우선 '나'라는 것은 무엇을 말하는가? 음식을 섭취하여 쌓여진 몸을 말하는 것인가? 사실 음식이란 내 몸에 들어오기 전엔 내가 아니었으니 가져다 쌓아 놓았다고 해서 '나'라고는 할 수 없을 것이다.

또한 마음이나 정신을 '나'라고도 할 수 없다. 마음이란 기억을 제하고 나면 그 이름마저 사라지는 것이고 정신이란 잠에서 깨어나 일체만유를 바라보거나 인식하고 있을 때만 느낄 수 있는 것이라서 잠이 들면 이 정신이라는 느낌마저 사라지게 된다. 대상이 존재한다고 느낄 때만 정신이 존재한다고 느껴진다면 '대상에 의한 정신'이라 해야 하므로 정신 역시 '나'라고 할 만한 것은 아니다. 물론 대상을 느끼는 상황에서 정신이 어떤 것인가를 돌아보아도 알 수 있는 것은 아니다. 정신이란 실질적인 면에서 보면 오직 인식하거나 깨닫는 능력일 뿐 그 형태나 재질은 없는 것이기에 공(空)한 것이라고 할 수밖에 없는 것이고 공한 것은 허공과 같은 것이니 있다고 할 수 없으며 있다고 할 수 없다면 역시 '나'라고 할 수도 없는 것이다.

그렇다면 우리는 생사의 실체를 어떻게 정의하고 인지하고 있는가?

'생'이란 '호흡'이 있으므로 인정된다. 죽음이라는 것도 호흡이 끊어진 것으로써 판단한다. 호흡, 즉 '숨'이란 '생명'의 다른 말이다. 그러나 생명이 없는 허공이 오가는 것을 호흡이라 하는 것이므로 호흡자체가 생명은 아니다. 단지 생명이 유지되고 있음을 증명하는 하나의 현상일 뿐이고 음식과 화합하여 생을 유지시키는 하나의 수단일 뿐이다. 그렇다면 생명이란 무엇일까? 죽은 자라면 생각이 사라질 것이니 죽었다는 생각도 없을 것이기에 죽은 자에게는 죽음도 없다. 또한 산 자라면 아직

죽지 않았으니 그에게도 죽음은 없다. 단지 생각에만 죽음이 존재하는 것이지만 생각이란 어디서 생겨나서 어디로 가는지… 재질은 무엇인지… 그리고 과연 생각이라는 것이 찰나만큼이라도 정지되어 있다가 사라지는 것인지, 아니면 생겨나는 족족이 과거로 사라지는 세월을 따라 함께 사라지는 것인지… 물론 생각했던 것들이 기억나는 것을 보면 즉시 영구적으로 사라진다고 볼 수는 없지만 그렇다고 생각이 어디에 있다가 어디에서 다시 드러나는 것인지는 알 수 없는 것이기에 실체가 있다고 말할 수도 없다. 따라서 생각 속에 있는 죽음이라는 단어도 실체가 있다고 할 수 없으니 죽음의 실체도 없고 오직 관념에만 있는 죽음을 사실로 인정할 수도 없다.

이제 세상이라는 것도 생각해보자. 세상은 매 찰나 변화하고 있다. 변화란 잠시도 쉼 없이 흐르는 세월을 따라 앞의 모습은 사라지고 새로운 모습이 드러나는 연속적 생멸이고, 그 생멸하는 시간이란 인식할 수도 없이 찰나적이기에 지금이란 시간을 잡을 수도 없다. 실제로는 잠시도 고정된 채 존재할 세상이 없다는 것이다. 그러므로 어떤 면으로 본다면 미래가 현재에 도달되기도 전에 사라진다고 볼 수도 있는 것이 아니겠는가? '지금'이라는 시간을 딱 꼬집어 말하려 해도 이미 사라진 상태이니 지금이란 것도 역시 관념에만 존재하는 것이기에 그 실체가 없으며 그렇기에 사실 '지금'이란 영원히 고요한, 그 어떤 일도 머물지 못하는 적멸한 시간이라 해야 할 것이다. 그러므로 불경에서는 이 세계를 '적멸의 세계' 또는 '부동의 세계'라고 설명하고 있다. 이러함 속에서의 삶에 과연 그 실체가 있겠는가? 생사의 실체는 있겠는가?

그리고 세상과 '나'의 관계를 보아도 역시 오묘할 뿐 실질적인 관계라고 할 수 있는 것은 없다. 세상이 있을 때란 곧 잠에서 깨어나 자기의 감각에 세상의 모습이나 소리가 느껴질 때만 확신할 수 있다. 물론 내가 잠들어 있을 때 잠들지 않았던 어떤 이가 있어 그간의 소식을 알려준다면, 그리고 그 말을 믿는다면 세상이 내가 없어도 존재한다고 상상하겠지만 내가 감각으로 확인한 세상이 아니기에 신뢰로써 받아들이지 않을 수도 있는 것이다. 세상을 확인하는 것은 각자에게 주어진 오감五感과 심정으로 느끼는 제육감第六感까지 합한 여섯 가지 감각을 통해서다. 그러나 이 감각이란 마치 기계의 센서와 같아서 움직임을 느끼려면 센서, 즉 감각은 움직임이 없어야 한다. 세상의 소리를 들으려면 귀에 소리가 없어야 하고 세상의 모든 색깔을 보려면 눈에는 아무런 색도 없어야만 한다. 만약 눈에 이미 검은 색이 있다면 모든 색이 다 검게 보일 것이기 때문이다. 그러므로 세상과 나의 관계는 서로 의지하면서도 성질은 서로 반대가 되어야 한다는 것을 알 수 있다. 어둠 속에서와 같이 색이 없으면 눈이 있어도 보는 능력이 사라질 것이고, 고요함 속에 있다면 귀도 쓸모가 없어진다는 말이다. 역으로 태양이 세상을 비추어 색이 있어도 눈이 없다면 역시 색이 느껴질 수는 없고 소리가 있어도 고막이 없다면 소리가 느껴질 수 없는 것처럼 세상과 감각은 성질이 반대인 두 가지가 함께 만날 때만 서로가 존재하는 것으로 느껴질 뿐이다. 그래서 '세상과 감각'은 상호 기대어 존재하게 되지만 그 성품은 반대라고 하는 것이다. 세상을 있다고 한다면 세상을 느끼는 나는 없어야만 한다. 그러므로 나란 여섯 가지 감각을 말하는 것이고 감각이란 '세상을 제외하고 남은 것'이라고 할 수 있는 것이니 과연 무엇을 말함인가? 허공을 느낄 수 있는 것이 감각이라면 감각은 허공보다 더욱 '허공스러워야' 할 것이다. 이러하므로 석가모니께서는 '세상을 느끼는 모든 생명체들은 청정한 존재'라고 하신 것이다.

세상은 지금에 도달하기도 전에 사라지는 허망한 환상이고 이러한 세상을 바라보는 우리는 투명인간이며 세상의 모든 것을 초월한 정신이고 감각이다. 이러한 존재란 생사와 관계가 없다. 역시 '나'라고 할 것도 없고, '사람'이라고 할 것도 없으며, '생각'이라고 할 것도 없고, '목숨'이라고 할 것도 없으니 무사상無四相*을 설명하신 금강경 속의 석가모니 말씀을 어찌 거짓이라고 할 수 있겠는가?

* **무사상無四相** 세상의 모든 물질을 총괄하면 육진(六塵 : 색깔, 소리, 냄새, 맛, 감촉, 뜻)이다. 그러나 이 육진은 머물지 않는 세월을 따라 찰나마다 함께 사라지기에 묘행무주분에서 부주색성향미촉법不住色聲

香味觸法, 즉 색성향미촉법도 머물지 않는다고 하셨다. 그렇기에 나[我]라는 모습도 없고, 사람[人]이라는 모습도 없으며, 중생(衆生)이라는 모습도 없고, 산다[壽者]는 모습도 없다[無我相人相衆生相壽者相]고 하신 것이다.

그러나 이 세계의 과학자들은 모든 물질의 실체가 있을 것이라고 생각했기에 물질의 본질이 무엇인가를 연구해왔다. 물론 결과는 '원소기호'에서 끝이 난다. 원소기호는 물질이 아니다. 허공의 어느 성질을 문자로 대신한 것이다. 이 허공의 성질들이 어울려 어떤 것이 된다하더라도 허공은 어쨌든 허공이다. 그러므로 있다고 할 것은 본래 없었던 것이다. 이러함을 인류는 간과하고 오직 실체 없는 대상을 얻거나 없애려고 노력했을 뿐이다. 이것을 무명無明에서 시작된 고통의 윤회라고 하는 것이다.

지금까지 세상과 나, 그리고 이 둘의 관계를 설명하였다. 세상과 나는 서로 떨어질 수 없는 하나로써의 둘이며 한편으로는 하나도 아니고 둘도 아니라는 사실을… 이 책을 세상에 펼치게 된 이유는 어리석음으로 인하여 얻을 수 없는 것을 얻으려고 하거나 없앨 수 없는 것을 없애려하는 공연한 노력으로 지치고 결국 서로의 분노로 이어져 서로가 악행을 자행하게 되는 일을 막으려고 함에 있다. 즉 올바른 교육을 하고자함에 그 목적이 있다는 말이다.

삶이란 결국 세상을 바라보고 기억하며, 다시 바라봄에 기억을 더하여 새로운 견해를 만들어가는 과정일 뿐이다. 즉 자기의 경험이나 타인의 경험을 통하여 잘못된 판단은 버리고 올바른 판단을 얻음으로써 악행을 줄이고 선행으로 직진하게 하려는 노력을 말하는 것이다. 이것이 곧 삶의 전부다.

죄란 순리를 거스르는 것이며 벌이란 순리를 거스름에 따르는 고달픔이다. 물을 따라 내려가는 배는 노를 젓지 않아도 되니 힘들 일이 없으나 물을 거슬러 오르려면 쉼 없는 노질을 해야 하기에 피곤하고 고통스럽지 않을 수 없다. 누구나 배우고 익혀서 행동하는데 그 결과에 후회가 있다면 그 행은 버리고, 편안한 결과가 온다면 그 행은 지킴으로써 고통은 피하고 행복은 누리는데 삶과 교육의 의미가 있는 것이다.

어리석음을 근본으로 삼고서는 삶을 이어감에 항상 편안함만이 따를 수는 없으니 참된 교육, 즉 우주의 이치이며 우주를 삶의 터전으로 삼고 가는 모든 생명체들이 존재하는 이치인 '진리'를 찾지 않을 수 없다. '나'와 '우주'의 진정한 이치인 이 진리가 어리석음으로 덮여 밝음을 드러내지 못함을 '무명'이라고 하니 만약 누구라도 무명을 벗는다면 현명함은 저절로 드러날 것이다.

훔치지 말라고 할 것이 아니고 얻을 수 없는 것이니 가지려 하지 말라고 가르치고 죽일 수 없는 정신이 우리의 본질이니 죽이려는 마음을 내지 말라고 알려주는 것이 참된 교육이고 '갱생'의 도리다. 똑같은 살인이지만 전쟁에서 적을 죽이면 포상을 하고 아군을 죽이면 벌을 받는다. 이것은 정해진 법이 없다는 반증이며 선악의 기준도 불명확하다는 증거다. 호흡을 하듯 세상의 변화를 배우고 익혀 견해를 새로이 만들고 이를 다시 반복하는 허망한 정신의 행위가 삶이라고 할 때 만약 고통으로 이어지는 삶이라면 왜 하루라도 더 지연시키려 남의 타고난 명줄을 끊어가며 악착같은 행위를 지어 악착스러운 기억을 쌓고 그 기억으로 다시 악착같은 견해를 만들어 세세생생 악도를 떠돌아야 할 것인가?

소승은 이 세상을 떠나는 날까지 올바른 견해를 가지고 올바른 기억을 쌓고 그렇게 쌓여진 기억을 씨앗으로 세세생생 진리를 설하는 길을 택하였다. 그러므로 이곳에서의 욕심이 있다면 전 세계 중생들의 무명을 거두어주는데 있고 작게는 그런 교육시설을 운영하는 것이다. 하지만 모든 것을 오해로 바라보는 중생들에게는 이 뜻을 전하더라도 그 중요성을 모르기에 돕는 이들도 만나기 어렵고 때로는 오해의 눈으로 바라보며 기존의 종교인들과 다를 것이 없다며 먹고 살기 위한 방편으로 머리을 삭발한 사기꾼으로 치부하기도 한다. 할 말이 없다. 그러나 이 일 말고는 아무것도 할 것이 없으니 그저 내생으로 떠나는 날까지 한발 한발 나아갈 뿐이다.

이미 앞에서 말했듯이 이 허망한 꿈속에서 과연 누가 누구의 죄를 논할 수 있으며 벌을 줄 수 있고 손가락질을 해댈 수 있다는 말인가? 어리석음이란 어린아이와 같고 어리석음으로 인한 죄란 철없는 아이의 저지레와 같다. 단지 가두어놓고 윽박지르고 세상과 별리시키는 것을 교화라고 할 수는 없는 것이다. 또한 반성하라고 한다 해도 어리석음으로 점철된 견해로 반성을 하면 과연 얼마나 올바른 반성을 할 수 있겠는가? 교도소에는 젊은이부터 노인에 이르기까지, 그리고 무직자에서 고위 직위자들까지를 막론하고 뒤섞여 있다. 이는 연령과 직위의 고하를 막론하고 이 세상의 모든 이들이 하나같이 무명에 덮여 있음을 말하는 것이 아닌가? 다시 말해 참된 교육을 받은 이도 없고 참된 교육을 주는 이도 없음을 말해주는 증거다. 나의 실체와 위대함을 일깨워주고 세상과의 관계까지 설명해주신 말씀이 불경에 적혀 있으니 가까이에 진리를 두고도 알아보지 못함에 통탄할 뿐이다.

세상이란 내 눈의 망막에 비춰진 것을 보는 것이고 세상의 소리란 내 귀의 고막이 진동하는 것을 듣는 것이다. 그러므로 내 안에 들지 않은 것은 느끼지 못하는 것이고 반대로 만약 내가 세상을 느낀다면 그것은 세상을 내 안에 머금고 있다는 사실이 되는 것이다. 그러므로 세상과 나는 그 넓이나 오묘함이 절대 다를 수 없다. 이렇게 위대한 스스로를 은하수 속의 희미하고 작은 하나의 별로 착각하고 살아간다는 것은 이루 말할 수 없는 손해며 안타까운 일일 수밖에 없다.

교도소 안에 있는 이들이라고 손가락질만 할 것이 아니라 위대한 정신들이 무명에 의해 일으킨 수치스러운 일이라고 생각해야 한다. 정신이라는 스스로의 위대한 자존심을 지키지 못한 슬픈 일임을 잊지 말아야 할 것이다.

서문

불경해석전수도량 도각사 회주
이각큰스님

불경의 가르침에서 가장 중요한 요체란 "일체 모든 것이 오직 정신의 능력인 '깨달음' 속의 환상에 불과하니 이를 깨달아 스스로의 속박으로부터 벗어나라는 것"이다. 어쩌면 정신이든 정신의 능력인 깨달음이든 본래 갖추어져 있었기에 세상을 깨닫는 것이니 세상을 품고 있는 정신이 곧 스스로임을 알아차리고 세상을 품은 '마니보주'로써의 품위를 갖도록 이끄는 일이라고 할 수도 있다. 내가 왕이라면 왕의 품위를 지키고 신하라고 확실히 인정한다면 신하의 품격에 맞는 역할을 순리대로 행하여 때때로 거역하는 심정으로부터 생겨나는 번뇌의 고통에서 벗어나라는 말씀이기도 하다. 그러므로 일체와 정신의 실체를 알아내지 못한다면 스스로의 결박에서 절대 '해탈'할 수 없다. 일체의 실상을 이해하고 스스로의 어리석음에 갇혔던 죄와 벌에서 벗어나는 것을 해탈이라 하기 때문이다.

모든 죄에는 대상이 있고, 역시 주체가 있다. 살생을 하려 한다면 죽을 자와 죽이는 자가 있어야 하며, 도둑질을 하려 한다면 훔칠 것과 훔치는 자가 있어야 한다는 말이다. 만약 홀로 자해를 하더라도 자해하고자 하는 심정이 주체가 되고 스스로의 육신은 당연히 대상이 되어야 하기 때문에 나와 남뿐만 아니라 내 안에도 주체와 대상은 엄연히 존재한다는 의미기도 하다. 그러므로 모든 행위에는 서로가 소통된 채 '상즉'된 이치가 있음을 알 수 있으며 소통되었다면 사실상 둘일 수 없음도 알아야 할 것이다.

'나'란 것은 생각이 있으면 함께 있고, 수면상태나 혼절한 상태와 같이 생각이 없을 때에는 내가 사라졌다는 것도 알 수 없으니 나와 생각이란 둘이 될 수 없다. 그렇다면 육신은 어떠한가? 육신도 역시 생각이 있으면 느껴지고 생각이 없으면 사라진다. 그러므로 나와 육신이라는 것의 실체는 결국 '생각'으로 귀결되고, 생각이란 대상에 따라 찰나에 문득 드러났다가 찰나에 과거로 사라져 기억이라는 것으로 저장되지만 결국 그 기억도 사라지게 되면 생각이라는 이름마저도 잃고 마는 허망한 것이기에 비눗방울에 비추어진 세상의 모습과 다를 바 없는 것이다.

역시 세월이란 것도 생각하는 시간에만 느껴진다. 그러므로 세월과 생각은 함께 흐른다고 해야 하겠지만 실체가 없이 단지 관념에만 존재하기에 이 둘 모두가 어디에서 왔다가 어디로 가는지 알 수 없는 것은 당연한 일이다. 즉 허깨비와 같은 것이라는 말이다. 생각이 있으면 일체, 즉 일ᅳ이라는 '나'와 체體라는 '세상'이 함께 있게 되니 생각과 세상과 세월은 다를 수도 없지만 모두가 허깨비와 같을 뿐이며 허깨비와 같은 것이라면 중요할 것도 없고 심각할 것도 없어야 할 터인데 중생들에게는 그렇지 못한 것이 생각이요, 세상이며 세월이다.

또한 세월은 멈춤이 없다. 정지되어 찰나라도 머문다면 세상이 존재한다고 하겠지만 잠시도 멈추지 않는 것이 시간이고 세월이니 그 세월 속에 드러나는 세상 또한 멈춤이 없고 찰나마다 사라지고 있는 것이다. 과거, 현재, 미래를 가리켜 세월이라 말하지만 과거는 지나간 것이라서 기억으로 남는다 해도 되돌릴 수 없기에 실체가 있다고 할 수 없고, 미래는 아직 오지 않은 것을 말하니 역시 실체가 없으며, 현재란 머물지 못하고 그때그때 사라지는 것이기에 존재한다고 할 수 없다. 그렇다면 나와 세상은 언제 존재하는 것인가를 의심하지 않을 수 없고, 존재하는 것이 아니라면 세상의 주체인 나와 나의 대상인 세상은 헛것과 다름없는 것임을 알 수 있으니 '삶'이라는 것도 결국 헛것이며, 그저 허깨비들의 찰나적 어울림에 불과한 것이라고 할 수밖에 없다.

이러한 끝임없는 환상적 변화와 실체의 부재 속에서 우리는 무엇을 '우리'라고 하는 것이며 '우리의 행위'라고 말하는 것이었던가를 심사숙고 해보아야 할 것이다. 왜냐하면 '과연 나라는 것은 무엇이기에 이렇게도 열심히 노력하고 있으며, 왜 그리도 심각하게 다투며 뺏으려 하고 없애려 하여 이루지 못함에 분노했던 것인가'에 대한 성찰을 함으로써 진정 가질 수 있는 것이 무엇이 있었는가에 대한 '조명의 기회'를 얻어 공연한 수고로 인해 자발적 고통을 당하는 어리석음으로 소비해버리는 안타깝고 무의미한 생애를 바꿀 수 있게 되기 때문이다. 결국 얻을 수 있는 것은 본래부터 없었음에도, 아니 이미 세월 따라 변하고 사라져 사실상 남는 것이 없는 텅-빈 이 세상 속에서 있다고 할 수 없는 정신적인 '나와 세상과 생각'의 실상을 상세하게 알려주려 한다면 이 한 권의 책으로는 어림도 없다. 그러므로 간단한 이치로 현실의 허구를 설명하여 우주의 본질을 모르는 무명無明으로 악행을 저질렀던 중생이, 이 글을 실마리 삼아 불도에 관심을 두고 수행함으로써 삼천대천세계를 통달하고 자유자재의 삶으로 바꿀 수 있도록 하려는 것이다.

과학에서도 이미 알려주는 바가 있었지만 미처 깨닫지 못했던 것들이 있다. 모든 물질은 각종 분자로 이루어지고 그 분자들은 원자로 이루어졌으며 원자들은 전자로 이루어졌다는 것이다. 전자란 반짝이며 사라지는 무형의 기운이고 이 기운은 허공으로 돌아간다는 것을 알려 주고 있었으며 모든 물질의 본질이란 허공과 같기에 그저 '원소기호'라는 이름을 붙여 존재하는 것처럼 불러오고 있었음을 시사하고 있었던 것이다. 세월이 흘러 더 작은 물질의 단위가 발견된다 하더라도 결국 물질로서 존재하는 것이 아니라는 사실을 더욱 강하게 증명하게 될 뿐이다. 흔히 알고 있듯이 수소 두 개와 산소 하나가 만나면 물(H_2O)이 된다지만 수소도 허공의 성질이기에 그 모습이나 실체가 없고, 산소 역시 허공 가운데 하나의 성질일 뿐이니 둘 다 허공이다. 그리고 허공이란 텅-빈 것이기에 '무엇'이라고 할 것도 아니다. 그러므로 허공은 아무리 더해도 그저 허공이어야만 하는 것이 논리적인 계산이다.

그런데 우리의 정신에는 '물'이라는 물질로 보이고 깨달아진다. 그렇다면 모든 물질이란 그저 성질을 가진 허공의 조합이며 정신의 깨달음에만 생각으로서 존재하고 깨달음에서만 그 가치나 이름을 부여하고 있다는 것도 알 수 있다. 이렇게 깨달음이 작동하면 생각이 일어나니 이 생각도 허공과 같을 수밖에 없다. 그러니 내 생각을 남에게 드러내 보여줄 수도 없고 손에 쥐어줄 수도 없는 것 아니겠는가? 즉 깨달음과 생각의 근본을 정신이라고 본다면 깨달음은 대상을 느끼는 정신의 기능이고, 생각은 그 찰나적 깨달음을 보자기에 수를 놓듯이, 백지에 그림을 그리듯이 사연을 만들어가는 정신의 한 기능이라고 보아야 할 것이다.

그렇다면 슬픔과 기쁨, 그리고 분노와 즐거움, 시기 질투와 사랑과 같은 심정은 어떻게 드러나는 것일까 하는 의문이 남는다. 정신에는 깨닫는 능력만 있는 것이 아니고 사유하고 판단하고 기억시키는 능력이 있다. 이렇게 기억된 자료를 가지고 다가오는 미래에 경험이라는 이름으로 대처하게 되는데 이러한 정신의 능력을 견해라고 한다. 그리고 그러한 경험적 견해를 바탕으로 다시 감각하고 사유하고 판단하여 결정한 뒤 또다시 기억하게 되니 이를 의식이라고 이름한다. 이 의식은 경험에 의한 견해에 따라 달라지고 달라지는 의식은 다시 견해를 돕는다. 이를 가리켜 '기억한대로 보고 본대로 기억한다'라고 말한다. 이러한 법칙하에서 스스로 의지를 발동시키게 되는데, 이때 의도와 동일한 결과가 오면 즐거워하고 사랑하는 마음이 일어나지만 그릇된 의지에 의해 자기의 의도와 다른 결과가 온다면 분노나 슬픔이 일어나게 되는 것이다.

이러하니 이치에 맞는 견해를 높이면 의식 수준이 그만큼 올라가고 의식의 수준이라 할 수 있는 성품이 올라간 만큼 견해의 수준도 올라가는 것을 알고 있기에 우리는 '교육'이라는 것을 통해 미리 간접적 경험인 지식을 쌓아 의식 수준을 높이려 하는 것이다. 그로써 세상살이의 견해 또한 높여 사회적 문화와 중생들의 상호관계를 아름답고 고차원적이며 심적 고통이 없는 삶으로 바꾸려 하니 이것이 교육의 목적이자 의미가 아니겠는가?

교육이란 결국 올바른 기억을 심어주는 활동이고 이 교육의 자료들이 모인 기억의 무리 또는 의식이 축적된 것을 '마음[心]'이라고 하는데, 마음이 일어나면 그대로 행行이 되고 그 행은 다시 성품性品이 되는 것을 알 수 있다. 그렇기에 성품을 높이는 교육을 통해 선한 행을 이끌어내는 것이 곧 삶과 사회와 문화의 수준을 높이는 길이라는 말이 된다.

결국 죄란 성품의 하열함에서 일어나는 착각이고, 그 하열함은 천성적으로 타고나거나 부모에게 유전된 것이 아니라 우주의 실상을 모른 채 그저 오해로 시작된 노력만을 요구했던 참교육의 부재에서 비롯된 것이다. 다시 말해 나, 세상, 생각 등의 실상을 배운 적이 없기 때문에 얻을 것이 본래 없었음에도 불구하고 갖기 위한 피나는 노력을 헛되이 하고 있었으며, 얻으려 하는 주체인 '자기' 역시 존재가 아님을 모르기 때문에 생사의 두려움으로 인한 악착같은 '악행'을 저지르고 있었던 것이다. 이는 결국 실제로 죄가 있다고 믿고, 죄를 짓는 주체도 있으며, 그 죄에 대한 대가를 치르기 위해 벌이 따라야만 한다는 견해가 되어 사회의 어리석고 하열한 단면을 보여주고 있다.

보고, 듣는 등의 오감五感과 그 오감에 의해 일어나는 의미적 감각인 육감六感, 여섯 번째 감각이 찰나적으로 사라지며 만들어진 기억은 일체중생 각각이 서로 다르다. 그것은 의식 수준인 성품이 다르기 때문이다. 하지만 성품의 고하가 있다 해도 성품 자체는 눈에 보이거나 손에 만져지는 것으로 존재하는 것이 아니기에 성품이 담겨있는 '마음'이라는 것도 있다고 할 수 없다. 그러므로 어리석은 성품을 가진 마음이 일어난다 해도 마음은 과거로 지나간 기억들의 모임이니 이미 사라진 허망함이 일어난 것일 뿐이고, 마음의 모든 의미 역시 심각하게 생각하거나 존중할 만한 것도 아니다.

그러나 중생들은 자기라는 이름의 마음을 중요시하고 남의 의견보다 앞세우려 하다 보니 투쟁과 악행이 난무하게 되고 죄와 벌이라는 고통에서도 벗어나지 못한다. 이렇게 모든 중생이 무명에서 벗어나지 못한 채 살고 죽는다고 착각한다면 견해와 성품은 나날이 추락하여 하열해지리니 이로써 육도를 도는 윤회에서 벗어나지 못하고, 한때는 사람이라는 이름의 고차원적인 사유자로 흐르다가도 어느새 축생畜生*의 성품으로 떨어져 축생의 육신을 나로 삼게 되고 귀신 세계와 지옥 세계를 돌고 도니 과연 어느 때에 어떻게 다시 사람의 모습을 자기로 삼게 되겠는가? 그래서 석가모니께서 하신 말씀이 '인간으로 태어남은 마치 바다 속을 누비던 눈먼 거북이가 숨을 쉬기 위해 바다 밖으로 목을 내밀 때 바다 위를 떠돌던 한 조각 나무판자에 뚫려있는 구멍으로 머리가 나오는 확률과 같다(맹귀우목)'고 하신 것이다.

* 축생畜生 육도 중생 중의 하나. 온갖 짐승을 이른다.

맹귀우목盲龜遇木

여기서 바다 속이란 어리석은 판단으로 결정한, 이미 과거가 된 기억의 세계를 말함이고, 눈먼 거북이란 지금이라는 시간이 정해져 있지 않기에 생각은 오직 기억을 바탕으로 일어나지만 이를 모르는 중생이 마치 현실이 있다고 믿어 무엇인가를 이루려는 번뇌를 뜻함이며, 숨을 쉬기 위함이란 고통을 벗어나고자 하는 의도를 표현함이고, 바다 위를 떠돈다는 뜻은 모든 물질이라는 것이 결국 먼지가 되어 연속되는 찰나를 따라 흘려내려 고이게 된 곳인 과거, 즉 기억이라는 정신 능력을 비유하신 것이다. 그리고 일체의 원료가 녹아있는, 그래서 앞으로 인연 따라 갖가지 현상을 드러내게 될 허공이라는 미래의 사이가 바로 번뇌가 파도처럼 일어나고 있는 모습이고, 나무판자란 정신이 떠나고 나면 그저 나무토막과 같이 생명이 없는 물질의 집합체인 육신을 말함이지만 이 나무판자와 같은 인간의 육신을 얻어야 가장 생각이 치밀한 중생이 되고 그 치밀한 분별로써 무명에서 벗어나게 되는 기회를 얻게 되는 것이다. 그러니 육신이라는 판자 가운데의 구멍이란 곧 정신이 드러나는 모습을 말함이요, 판자의 구멍으로 머리가 나온다 함은 육신과 정신이 합해져 인간의 형상을 얻는 것을 비유함이다. 즉, 한 번 사람의 육신을 얻는 것이 얼마나 희미하고 낮은 확률인가를 말씀하신 것이다.

견해와 성품의 변화는 어느 한 날짜나 특정한 시간에만 만들어지는 것이 아니다. 매 찰나 깨달을 때마다 바뀌는 것이기에 성품을 위대하게 만드는 것은 미룰만한 일이 아니다. 이 찰나의 한 걸음을 잘못 내디디면 하열한 축생을 약속하게 되기 때문이다. 일체를 통달하여 나도 없고 세상도 없으며 사람이랄 것도 없고 생각이란 것도 찰나에 사라지는 허망한 것이기에 결국 목숨이라는 것도 생각이고, 그 생각의 이름일 뿐임을 깨닫는데 오직 매진해야 할 것이다. 이를 가리켜 석가모니께서 '일생보처 一生補處'라고 하셨으니 이 한생에서 견해와 성품을 높이지 못한다면 사람으로 태어나서 새로운 견해를 갖기에는 너무도 어려운 일이기에 이번 한생을 '고통과 함께하는 즐거움'을 찾는 욕망에 허비할 것이 아니라 반드시 스스로의 견해와 성품을 높이는 기회로 써야 한다는 말씀이다. 만약 어리석은 스스로의 판단으로 무엇인가를 집착하여 쫓는다면 이는 악도惡道*를 스스로 선택하는 일이 되고, 생사로 반복되는 윤회에서 영구히 벗어나지 못하게 되는 기구한 운명을 스스로 선택하는 일이 되고 마는 것이 아니겠는가? 이에 천수경의 구절을 인용하여 이해를 돕고자 한다.

* **악도惡道** 악惡이란 일체가 공하다는 것을, 일체가 오직 꿈이라는 것을 몰라 생사生死가 분명할 때 드러나는 마음의 행을 말한다. 즉 이치에 어긋난 사유의 결과라는 말이다.

일체가 꿈이고 공하여 나라고 할 것도, 세상이라고 할 것도 없음에도 모든 것이 '있다'고 오해하여[癡] 가지려고 하거나 버리려고 하고[貪], 그것이 이루어지지 않으면 화를 내니[瞋] 이와 같은 기억은 다음 생애를 지옥, 아귀, 축생의 고난한 길[惡道]로 약속할 수밖에 없다. 서문에서 설명했듯 모든 중생이 생사에서 이미 초월되어 있었음을 깨달았다면 누가 무엇 때문에 누구를 해하려 하고 스스로 힘든 길을 자처하겠는가.

十惡懺悔 십악참회

1. 殺生重罪 今日懺悔 살생중죄 금일참회

살생의 무거운 죄를 오늘의 지금에 참회합니다.

2. 偸盜重罪 今日懺悔 투도중죄 금일참회

도둑질의 무거운 죄를 오늘의 지금에 참회합니다.

3. 邪淫重罪 今日懺悔 사음중죄 금일참회

삿된 음행의 무거운 죄를 오늘의 지금에 참회합니다.

4. 妄語重罪 今日懺悔 망어중죄 금일참회

지어낸 거짓말의 무거운 죄를 오늘의 지금에 참회합니다.

5. 綺語重罪 今日懺悔 기어중죄 금일참회

감언이설의 무거운 죄를 오늘의 지금에 참회합니다.

6. 兩舌重罪 今日懺悔 양설중죄 금일참회

하나의 혀로 두 말하는 무거운 죄를 오늘의 지금에 참회합니다.

7. 惡口重罪 今日懺悔 악구중죄 금일참회

험한 입놀림의 무거운 죄를 오늘의 지금에 참회합니다.

8. 貪愛重罪 今日懺悔 탐애중죄 금일참회

애착하여 탐욕하는 무거운 죄를 오늘의 지금에 참회합니다.

9. 瞋恚重罪 今日懺悔 진에중죄 금일참회

뜻을 못 이룸에 화내는 무거운 죄를 오늘의 지금에 참회합니다.

10. 痴暗重罪 今日懺悔 치암중죄 금일참회

어리석어 사리에 어두운 무거운 죄를 오늘의 지금에 참회합니다.

몸은 생명이 사라진 음식이 모여 이루어진 것이어서 정신이 분리된다면 살아있다고 할 것도 아니고, 또한 지地·수水·화火·풍風이라는 4대 원소로 이루어진 물질이라고도 이름하지만 물질의 본질인 원소라는 것은 수소나 산소처럼 허공의 한 종류이니 목숨이라 할 것이 있을 수도 없다. 그러니 본래 목숨이란 정신과 원소가 어울린 찰나적 현상인 생각만을 이름했던 것이다. 그러나 정신 또한 보이거나 만져지는 물질이 아니기에 이 또한 생명이나 목숨이랄 것이 없다. 따라서 살생을 당할 목숨도 없고 살생을 저지를 자도 없는 것이 이치로 바라본 사실일 것이다.

또한 앞에서도 언급한 바와 같이 그 이름이 물질이든 육신이든 나아가 육신과 어우러지는 정신이든 이 모든 것들이 실제로 존재하려면 존재할 수 있는 '시간'이 있어야 하고 그 시간은 오직 '지금'이어야 한다. 지금만이 '현실'이라고 하며 실제라고 하기 때문이다. 그러나 지금이란 생각 속에 이름으로만 존재할 뿐 잠시도 멈추지 않고 과거로 흘러가는 세월이므로 있다고 할 만한 것이 아니니 모든 것은 과연 언제 존재하는 것이겠는가?

중생들은 이러함을 사유해보지도 않고 대충 덤벙대며 생각하여 지금도 있고, 지금 위에 모든 세상도 있고, 나와 남도 있고, 탐할 것도, 애착할 것도 있으며, 나아가 훔칠 것도 있다고 부지불식간에 믿는다. 그래서 열 가지 중죄 중에 가장 큰 것은 마지막의 '치암중죄'일 것이다. 모든 죄란 어리석음에서 비롯되기 때문이다. 이 어리석음에서 벗어나지 못한 자라면 그 누구라도 죄와 벌의 굴레에서 벗어날 수 없으니 무명으로 일색이 된 이 세상에서 누가 누구에게 죄를 말하고 벌을 주겠는가? 그러므로 사실상 죄를 짓는 자나 벌을 주는 자가 모두 죄인이라고 해도 과언이 아닐 듯하다.

그렇다고 이렇게 아무것도 없으니 아무렇게나 행동해도 상관없지 않느냐고 생각을 한다면 이 또한 어리석은 생각이다. 아무것도 없는데 아무렇게나 할 도리道理는 또한 어디에 있겠는가? 그러므로 모든 것의 실체를 알아차리고 삶을 대하되 꿈을 꾸듯 심각함을 버리고 악착같은 집착 또한 벗어나 소박함과 이해와 양보로 정신의 위대함을 자기로 삼은 채 자랑스럽게 생각하여 그 위의를 잃지 않아야만 악과 죄와 벌에서 자유로워질 것이 아니겠는가. 그리고 오늘의 지금이 사라지듯 역시 과거에 지은 모든 죄도 사라졌음을 깨닫고 앞으로 더 이상 착각으로 인한 죄를 저지르지 않는다면 지금부터 쌓여지는 기억이라는 업業이 깨끗해지리니 이를 두고 청정업淸淨業을 짓는다고 하는 것이며 '불도수행'을 참답게 하는 것이라 할 수 있다. 그리고 앞에서 견해와 성품의 관계를 설명했듯이 그 청정한 기억은 청정한 견해가 되는 밑거름이 될 터이니 청정업으로 인한 세상은 당연히 청정하게 보이게 되고, 마침내 '정신'들만이 존재하는 신神들의 사회였음을 보게 될 것이다. 이러한 견해가 서로에

게 물들게 된다면 바로 이곳이 천상이 될 것 또한 법칙적으로 지당한 일
이 아니겠는가.

百劫積集罪 一念頓蕩盡 如火焚枯草 滅盡無有餘
백겁적집죄 일념돈탕진 여화분고초 멸진무유여

백 겁 동안 죄가 모이고 쌓였다 해도 한 생각이 한 찰나에 사라져 텅- 비
어짐이 마치 마른 풀이 불에 태워지듯 소진되어 사라지면 남음이 없는
것과 같으리라.

세월 따라 찰나마다 사라지는 모든 행위가 마치 기다란 마른 풀에 불을
붙이면 불은 타들어가고 불이 지난 자리엔 재가 남듯 행위의 뒤엔 기억
이 남는다. 하지만 바람이 불면 재마저 사라져 풀의 자취가 없어지듯 모
든 행위는 '기억이라는 재'가 되고 기억 역시 잊히는 것이 실제적인 이
정신과 이 세상의 법칙이 아니겠는가? 지금이 지속적으로 태워져 사라
지고 있다면 사실 '이 세상'이란 항상 아무것도 '남음이 없는 세상'이라
해야 하니 지금 이곳의 실상을 무여열반無餘涅槃, 즉 '남음이 없는 기억
의 장소'라고 하는 것이다. 비유하면 세찬 바람이 불면 떨어지는 낙엽이
마당에 닿기도 전에 날아가 버려 마당을 쓸지 않아도 깨끗해지는 것처

럼 본래 지금이라는 이 찰나의 세상 역시 억지로 지우거나 치우지 않아
도 실제로는 남아있다 할 수 있는 것이 없는 환상의 세계인 것이다.

罪無自性從心起 죄무자성종심기

죄란 자기라고 할 자성*은 없으나 마음을 따라 일어나니

죄란 고정된 모양이나 결정된 기준이 없는 것이기에 '이것이 죄다'라고
드러내 놓을 것이 없는 심정 속의 이름이지만 이 심정이 일어나면 그 마
음속에 있던 어리석음도 일어나니 그 마음 따라 일어나는 죄도 역시 허
망한 마음의 이름일 뿐이다.

心若滅時罪亦亡 심약멸시죄역망

마음이라는 것이 만약 (이미) 사라진 것*이고 죄도 역시 (이름일 뿐) 허
망한 것이라면

* 사라진 것 사라진 사연이 모여져 만들어진 것이 곧 마음

罪亡心滅兩俱空 죄망심멸양구공

허망한 죄나 사라진 마음이나 양쪽이 모두 공한 것이리니

이름뿐인 죄든, 이미 과거로 가버린 사연이 모여서 만들어진 마음이든 그들의 실체가 없기에 공하다고 한다.

是則名爲眞懺悔 시칙명위진참회

이를 (정신의) 법칙으로 이름하면 참다운 참회라고 하는 것이다.

마음, 죄, 악 등은 모두가 허공과 같은 정신에서 일어나는 이름일 뿐이니 이를 명쾌하게 깨닫고 이름과 환상뿐인 꿈과 같은 세상을 만들고 있는 위대한 정신을 스스로로 삼아 그 위의를 잃지 않음이 곧 불도며 불자의 수행이라고 하는 것이다.

『千手經천수경』 중에서

미천한 견해지만 일체 중생의 수행길에 다소라도 도움이 되기를 바라며 의역과 나름의 해석을 붙였으니 많은 이해와 진실한 마음으로 이 글을 접하셨기를 바랍니다.

추천사 하나

국회의정연수원 교수, 행정학(과학기술정책)박사
천우정

"훔칠 수 있는 것인 줄 알고 훔쳤습니다. 훔치면 내 것이 되는 것인 줄 알았습니다. 그러나 지금은 이 세상에 훔칠 수 있는 것은 없다는 것을 알게 되었습니다. 훔친다고 해서 내 것이 되는 것이 아니라는 것도 알게 되었습니다."

이각큰스님과 그 제자 스님들은 경북 상주시에 위치한 도각사에 기거하시면서 불교경전을 공부하시고, 부처님의 가르침을 널리 알리는 일을 하시고 계십니다. 이각큰스님과 도각사 스님들은 한 달에 한 번씩 우리나라에서 흉악범들이 가장 많이 수감되어 있다는 청송교도소에 강연을 가십니다. 앞에서 한 말은 큰스님의 강연을 꾸준히 들은 한 재소자가 큰스님께 보낸 편지에서 인용한 말입니다. 저는 이 말을 전해 들었을 때 '아, 이분이 진심으로 뉘우치고 있을 뿐만 아니라 자기 자신과 이 세상의 원리에 대해 큰 깨우침을 얻으셨구나!' 하는 생각이 들었습니다.

저는 입법고등고시 13회로 95년도에 임용된 후 올해로 24년째 국회 공무원으로 일하고 있습니다. 제가 도각사 스님들과 인연을 맺은 것은 2014년 국회의정종합지원센터장을 하고 있을 때였습니다. 국회의정종합지원센터 내에 자살방지상담프로그램인 국회생명사다리상담센터를 운영하고 있었는데 보만스님과 월가스님께서 상담사로 자원봉사를 하셨습니다. 두 분 스님께서 계신 곳은 도각사라는 사찰로 대웅전도 한옥도 아닌, 조립식 패널 건물에서 11분의 스님들이 모여 불교경전을 공부하는 수행도량이었습니다. 이 말씀을 듣고 저는 '제대로 된 절이구나!' 하는 생각이 들었고 아주 소액이지만 지금까지 후원을 하고 있습니다.

이후 보만스님과 월가스님의 스승이신 이각큰스님을 모시고 국회에서 한 달에 한 번 『금강경』 강의를 2017년부터 지금까지 듣고 있습니다. 이 강의를 들으면서 지금 시중에 나와 있는 『금강경』 한글번역에 잘못된 부분이 참 많구나 하는 것을 느꼈습니다. 한글번역본을 읽으면 그 내용을 알 수 있어야 하는데 무슨 말인지 알기가 참 어려웠습니다. 그러나 이각큰스님의 가르침을 들으면서 논리정연하게 이해가 되었습니다. 이해가 되어야 믿음이 생깁니다. 이를 통해 저도 자기 자신과 이 세상을 제대로 보는 눈을 조금이나마 뜰 수 있었습니다. 돈으로는 살 수 없는 정말 큰 깨우침이었습니다. 큰 가르침을 주신 이각큰스님과 도각사 스님들께 감사의 말씀을 드립니다. 교도소에 계신 분들 뿐만 아니라, 저 역시도 큰스님의 가르침에 새로운 삶을 살게 되었습니다.

죄를 지으면 그 벌로 교도소에 갑니다. 교도소는 잘못을 한 사람들에게 그것이 잘못된 일임을 알게 하고 다시는 그런 잘못을 하지 않도록 반성하게 하여 건전한 사회의 일원으로 복귀할 수 있도록 하는 것을 목표로 해야 합니다. 그러나 지금까지 우리나라 교도소는 재소자들을 사고 없이 가둬놓는 기능에만 충실했고, 이들을 교화하는 프로그램에는 신경을 쓰지 못했었습니다. 최근에 와서야 소액이나마 교화프로그램에 예산을 편성하고 있습니다. 그나마 다행이라고 하겠습니다. 이 프로그램이 보다 확대되기를 바랍니다.

법무부의 설명에 따르면, 이 교화프로그램은 큰 효과가 있어서 교화프로그램을 받은 재소자와 그렇지 못한 재소자 간에 출소 후 재범률에서 큰 차이가 발생한다고 합니다. 저는 국회에서 교도소를 담당하고 있는 법무부의 예산심의 업무를 오랫동안 했고 큰 애정을 갖고 있습니다. 그래서 이 분야와 관련된 일이나 글에 관심이 많습니다. 앞에서 언급한 재소자 편지의 내용을 듣고서 '큰 변화가 없던 교도행정 분야에 참으로 큰 변화가 있었구나!' 하고 느끼게 된 것도 제 깊은 바람이 있었기 때문입니다.

법무부의 교화프로그램이 시행되기 오래 전부터 이각큰스님과 도각사 스님들은 청송교도소에 자원봉사로 재소자들에게 강연을 하시면서 부처님의 가르침을 전파하고 자신과 이 세상을 바로 보는 눈을 뜰 수 있도록 하셨습니다. 이각큰스님의 강연은 단순히 잘못을 반성하게 하는 차원을 넘어서서 인생과 세상에 대한 근본적인 실체를 알게 해줍니다. 우리가 가지고 있던 종교의 범주를 벗어나 지금 이 순간의 모습과 내 자신의 모습을 명확히 드러내 보입니다. 교도소에서 온 이 편지들을 읽어보신다면 독자 여러분들도 자신과 세상을 보는 눈을 새롭게 뜰 수 있을 것입니다. 이런 귀한 기회를 놓치지 말기 바랍니다.

우리는 살아가면서 사회나 회사가 자기 자신을 제대로 대우해주지 않는다고 서운한 마음을 가지기도 합니다. 자기 자신을 전체 인류 70억 명 중의 하나라고 생각하면서 삽니다. 온 세상의 물질들이 나오는 구분되어 내 눈 앞에 실재한다고 생각하면서 삽니다. 내 기억과 감정을 나라고 생각하며 삽니다. 내가 있다고 생각하고 사람이 있다고 생각하고 우리 사회가 있다고 생각하고 목숨이라는 것이 있다고 생각하면서 살아갑니다. 이각큰스님의 강연을 들으면 이런 생각들을 다시 돌아보게 될 것입니다. 이 책을 통해 청송교도소라는, 어떻게 보면 인생의 가장 낮고 험한 곳에서 큰스님의 가르침을 통해 자기 자신과 이 세상을 제대로 보는 눈을 뜬 분들의 진솔한 이야기를 접할 수 있습니다. 이 책을 읽으시고 내 정신의 위대함과 거칠 것 없는 자유로움에 대해 느낄 수 있기를 바랍니다.

추천사 둘

경북북부제1교도소 소장
정병헌

먼저 도각사 이각큰스님께서 교정 행정에 대해 많은 관심과 애정을 쏟아주시고 저희 교정 조직이 나아갈 방향에 대해 많은 자문을 주시는 것에 대해 깊은 감사의 말씀을 드리고 싶습니다.

제가 교정본부에 근무한 지도 벌써 23년의 세월이 흘렀습니다. 그간 전국 교도소 내에도 많은 수용자들이 다양한 범죄를 저지르고 수용되었다가 출소하기를 반복합니다. 국민들은 범죄자가 법원에서 몇 년형을 선고 받았는지에만 관심을 가지고 있을 뿐, 수형자들이 교도소로 격리만 되면 더 이상 큰 관심을 두지 않습니다. 또한 수형자의 출소 후 삶에 대해서도 크게 궁금해 하지 않습니다. 출소자들에 대한 사회의 무관심과 차가운 시선이 그들을 사회에 적응하기 더욱 힘들게 만듭니다.

저희 교도관은 일차적으로 수용자들을 사회로부터 격리하는 역할을 하지만, 궁극적으로는 이들이 사회에서 다시 범죄를 저지르지 않도록 수용자들의 '교정·교화'라는 숭고한 소명의식을 가지고 임하고 있습니다.

자식을 가진 부모님들은 아실 것입니다. 자식이 바르게 자라서 책임감 있는 사회의 한 구성원이 되도록 가르치는 것이 얼마나 힘든지 말입니다. 하물며 평생을 사회에서 자기의 뜻과 가치대로 살다가 아픈 기억을 가슴에 묻고 수감된 수용자들을 교화한다는 것은 더 말씀 드릴 것도 없다고 생각합니다.

하지만 우리 교도관들은 이들을 포용하여 포기하지 않고 그들을 다독이고 교도작업, 교육, 종교행사, 직업훈련, 심리치료, 취업지원, 기타 다양한 사회적 처우를 통하여 이들에게 노동의 가치를 심어주고 올바른 인간관계를 조성함과 동시에 재사회화에 필요한 인성 및 시민의식을 함양하기 위해 노력하고 있습니다.

특히 요즈음 사회적으로 이슈가 되어 있는 마약사범이나 성폭력사범의 경우 통계적으로 재범률이 상당히 높습니다. 장기간의 마약 투여로 인해 간암에 걸린 수용자가 자신의 자녀로부터 간을 이식받고도 또다시 동일 범죄로 재입소하는 안타까운 경우도 보았습니다. 개인의 정신적인 소양과 세상을 향한 가치관의 변화가 이루어지지 않는 한, 이런 슬픈 일들은 끊임없이 반복될 것입니다.

교도관들은 인성교육이나 심리치료, 재활교육 등을 통하여 다각도로 이들을 교정·교화하기 위해 노력 중이지만, 지역사회 및 시민단체, 종교단체 등 담장 밖의 여러분들도 이들에 대해 보다 관심을 가지고 치료 및 재활에 대해 의견을 나누며 소통하고 다각적으로 지원하는 노력을 기울인다면 우리가 궁극적으로 희망하는 안전하고 행복한 사회를 보다 빨리 만들어 나갈 수 있을 것입니다.

매달 저희 교도소를 방문하셔서 수용자들을 위해 법회를 주관하며 고귀한 설법을 해주시는 이각큰스님께서 수용자들로부터 다양한 이야기를 들으시고 이번에는 범죄자들에 대해 우리 국민이 보다 깊게 이해하고 이들을 건전한 사회인으로 거듭나게 하기 위한 첫걸음으로 귀중한 도서를 편찬하셨습니다.

부디 이러한 노력들이 국민 모두의 호응을 얻어 우리 사회를 보다 안전하게 만드는데 밑거름이 되었으면 좋겠습니다.

감사합니다.

청송골 수행기를 엮으며

도서출판 지혜의눈 편집부

살인, 절도, 방화, 폭행, 강간, 사기, 마약.

우리는 어느샌가 살인을 한 자의 교화가 아니라, 얼마나 끔직하고 잔인하게 살인을 했는가에 대해 더 큰 관심을 두게 되었습니다. 그 관심은 누군가를 돕기 위한 것이라기보다 개인적인 흥미와 이슈를 위한 것이 되어버렸고 매스컴에서는 대중의 요구에 힘입어 그것을 더욱 자극적으로 전달하고 있습니다.

날 때부터 살인자는 없습니다. 누구나 그런 길을 갈 수도 있다는 생각은 위험하고 무서운 생각이 아니라 지혜롭고 자비로운 마음입니다. 다른 이의 범죄를 이야깃거리로 삼고, 마치 그들은 처음부터 악인이었던 것처럼 치부해버린다면 현재 수감되어 있는 5만5천 명의 재소자들은 영원히 대한민국에 살아갈 터전을 잃어버리고 맙니다.

교도소는 수감시설이자 교정시설입니다. 하지만 수감만큼 중요한 '교정과 교화'에 대해서는 큰 관심이 없습니다. 범죄자가 얼마나 잔인하고 악독한지, 몇 년 형을 받았는지에만 관심이 집중되고 있습니다. 그들에게 어떤 교육과 교화의 과정이 필요한지, 그리고 사회로 무사히 복귀했을 때 어떻게 받아들이고 포용해야 할지에 대한 논의는 매스컴에서 본 적이 없습니다.

이 세상에서 가장 어려운 일은 정신이 가는 길을 바꾸는 것입니다. 누구나 자기의 판단대로 고집하면서 자기의 인생길을 걷는데 그 결과가 교도소라면 얼마나 슬픈 삶일까요. 그 길을 바꿔준다는 것은 참으로 큰 용기와 희생임을 여러 해 동안 교도소를 다니며 깨닫게 되었습니다. 그리고 삶의 방향을 바로잡는 교육은 재소자들을 비롯한 누구에게나 반드시 필요한 일이라고 생각했습니다.

인구증가와 출산이라는 국책을 핑계로 아무렇게나 낳고 아무렇게나 키운다면 대한민국의 교도소는 언제나 만원일 것입니다. 재물과 명예만을 따르는 이 시대의 교육이 변하지 않는 한, 올바른 교육이 결여된 우리

아이들의 미래가 참으로 걱정스럽습니다. 부디 이 한 권의 책이 널리 퍼져 수용자들의 선한 진심과 교화의 무한한 가능성, 그리고 사회의 편견을 명백히 드러내 수감시설이 아닌 교정시설로의 명맥을 새로이 이어갈 수 있도록 기대하는 바입니다.

언젠가 청송교도소 강당에서 하셨던 큰스님의 말씀이 떠오릅니다.

"여기 있는 사람들은 나갈 사람들이고, 밖에 있는 사람들은 들어올 사람들이다. '아직' 들어오지 않았을 뿐, 어리석음은 누구든 이곳으로 이끈다."

* 본 석가모니불 그림은 교도소 내 불자님께서 기증하신 작품입니다.

가슴 속에 자비심이 스친이 있다면 생의 보람과 의미를 확장
없다 있다는 것을 느끼게 되었다면 저는 이 순간 견디었으니까 ...
그래도 이 마음의 스친을 살고서 살아 가리라 하는 마음입니다.
예전 貪者一燈 (빈자일등) 의 가르침도 있겠지만
아~ 이와 큰 스님의 신음을 통하여 삶의 경덕을 깊이
바뀌어 본다면 "어제의 삶이 나의 삶이 아니었고 오늘의 삶이
진짜 나의 삶이 아니기에 나는 지금의 삶을 최선을 다해서
살아가는 것입니다.
저는 이 순간이 지나가 버리면 나의 삶이 있을수도 없으리란
매 한순간이 쌓이고 쌓여서 "또 다른 업의 윤회에 있게라 보면서
않습니다.
Where is your mind ?
이렇게 물으면서 내 자신을 지금은 佛法 속에서 살아가고
있다는 것을 다짐 하죠...
저는 이순간도 사라져 가는 흐름을 "의식" 삼아 끊임없이 순간을
전한 하는 마음으로 않습니다.
그러나 무엇보다 "이와 큰스님" 강건 하십시요.

첫 번째 편지

나무아미타불

삼보님께 귀명정례 하옵시며 이각큰스님께 삼가 배례하옵니다.

만물의 생명이 각자의 삶을 영위하면서 세상을 밝히는 모습들이 아름답습니다. 이 아름다운 세상 속에서 번뇌와 무지에 물들어 살고 있는 저희들을 위해 무명을 물리치는 연등의 지혜로 문을 열어주신 큰스님께 감사의 글을 올립니다.

이곳에 와서 많은 우여곡절을 겪으면서도, 마음을 다스리고 깨우쳐가고 있습니다. 매사에 작은 눈길에도 자비심이 결여되어 있다면 부처님의 마음과 뜻을 등지고 사는 삶이 될까 하여 큰스님의 말씀처럼 오직 지금 이 순간을 배운 바대로 놓치지 않고 수행하며 살고 있습니다. 우리가 어디로 가서 어디로 올까 또는 어디에서 와서 어디로 갈까 하는 질문을 던지신 것은 지금이 중요하다는 가르침을 주기 위함이라고 생각합니다.

수행의 목표는 개인적으로 지혜를 완성하는 일이지만 그 지혜는 세상을 향한 자비심으로 실현될 때 완성된다고 하는데, 우리 같은 욕심 많은 중생들은 억만 겁이 지나고도 깨우칠 수 없을 것 같기도 합니다. 그래도 한 인생 속에서 불법을 알아가는 것 자체가 얼마나 기쁘겠습니까. 어떤 종교든 자비심이 없다면 날개 잃은 불구자 신세나 다름없다고 생각합니다. 나에게 있어서 인생의 키워드가 되는 행복, 건강, 출세 등 이러한 목표와 소원들도 중요하겠지만 마음속에 자비심이 근원이 된다면 생의 보람과 의미를 확장할 수 있다는 것을 느끼게 되었습니다. 그리고 이 마음을 근본으로 삼고서 살아가고자 하는 마음입니다. 큰스님의 법문을 통하여 삶의 방법을 많이 바꾸어 본다면 어제의 삶이 나의 삶이 아니었고 오늘의 삶이 진짜 나의 삶이 아니기에 나는 지금의 삶을 최선을 다해 살아가는 중입니다. 지금, 이 순간이 지나고 나면 나의 삶이 될 수도 없지만 매 순간이 쌓이고 쌓여서 또 다른 업의 일생이 된다는 말씀을 들었기 때문입니다.

Where is your mind? 이렇게 물으면서 나 자신은 지금 불법 속에서 살아가고 있다는 것을 다짐하죠. 지금, 이 순간도 사라져가는 추억을 의복 삼아 끝없이 공간을 참견하는 마음으로 말입니다. 그러나 무엇보다 이각큰스님 강건하십시오. 아무리 다음 생애가 깨달음의 지혜 속에서 사는 세상이라 해도 지금, 이 순간 건강을 지키지 않으면 많은 중생을 구제하기는 어렵기 때문입니다.

그리고 계간 『지심』을 꾸준히 받아 볼 수 있을까요? 이곳에서 계속 근로에 일하다 보니 불교 집회에 자주 못 나가 부탁드리는 것입니다.

도각사의 가족 모두 성불하소서.

저와 다른 불자들께서 다른 정리시간라 비교해서 많이

화기차고 조용한 경청하는 중한 시간이었습니다.

법우스님와 교화법사란 집회에서는 느끼지 못한 불자들의

분위기를 느낀수 있었습니다.

이 모든 것이 부처님의 자비라 생각합니다. 제에게

전방(이사) 다른 새로운 사람들라 만나서 라게 사람들라

불화는 정리 되었습니다. 그리고 저 같은 어리석고 부족하며

어려운 환경속에서 살아가는 불자에게 /달에 잠시 돌수없는

귀중한 시간을 내어 깨달음을 깨우치며

살아가라고 소중한 시간을 할애하고

솔범해 주시는 것을 넘며 또 다시 한번 법회에서

벗어나게 되었습니다.

두 번째 편지

이각큰스님께

먼저 감사의 인사를 드립니다. 큰스님의 법을 모두 이해하지는 못하였지만, 저와 다른 불자들이 다른 집회 시간과 비교해 매우 활기차고 경청하는 중요한 시간임에는 분명했습니다. 다른 집회에서는 느끼지 못한 분위기였습니다. 이 모든 것이 부처님의 자비라 생각합니다. 이사를 하여 새로운 사람들과 만나게 되면서 과거 사람들과의 불화는 정리되었습니다. 저 같이 어리석고 부족하며 어려운 환경 속에서 살아가는 불자를 위해 귀중한 시간을 내어 설법해 주시는 모습을 보며 또 한 번 번뇌에서 벗어나게 되었습니다.

이번에 오게 된 새로운 방에서는 과거 이곳에서 불교회장까지 역임

한 분을 만나서 불교 서적들을 많이 접하고 있습니다.

이 편지가 도착할 때면 명절이 시작되는데 큰스님께선 제자스님들과 함께 지내시겠지요. 편안하고 즐거운 일이 가득하시길 기도드립니다. 그리고 보내주신 찹쌀떡이 인기가 좋아 다들 행복해합니다.

올해의 선물이라고 한다면 큰스님께서 주신 귀한 설법입니다. 이 설법이야말로 제 인생 최고의 선물이 아닌가 싶습니다. 뒤늦게 배운 도둑이 밤이 새는 줄 모른다고 사회 복지를 공부하다가 불교라는 것이 눈에 들어오니 만사를 제치고 반야심경의 심오한 뜻에 깊이 빠져들고 있습니다.

도각사 스님들의 생활이 다른 절에 비해 고되고 벅차며 비포장도로를 지나가듯이 힘들고 어렵다는 것도 소문을 통해 들었습니다. 드릴 수는 없고 그저 부처님의 자비를 받기만 하니 염치없고 송구하기만 합니다.

큰스님과 작은 스님들 모든 분께 감사 인사드립니다.

세 번째 편지

🪷

사랑하는 큰스님 안녕하세요.

무더운 폭염 속에서도 건강하게 잘 지내시죠? 매달 빠짐없이 이곳 경북북부 제1교도소에서 처음 듣는 불자 수용자들도 쉽게 알아들을 수 있게 정말 뜻깊은 부처님 법을 가르쳐 주셔서 감사합니다. 제가 큰스님의 법문을 처음 접한 것은 14년 8월이었습니다. 어느덧 4년이란 시간이 흘렀네요. 4년 동안 큰스님의 법문을 통해 많은 것들을 깨달았습니다. 스님을 만나기 전까지만 해도 참으로 어리석고 화도 냈었는데… 현재는 지혜도 생기고 화도 잘 안 내고 있습니다. 여기까지 오기가 참으로 힘들었지요. 또한, 큰스님 법문에 앞서 1시간 전에 교리반 수업을 듣습니다. 보만스님, 월가스님, 화현스님을 통해서 많은 것들을 배우고 정말 큰 힘이 되었습니다. 수업 중간중간 재밌는 얘기도 해주셔서 웃을 수 있으니 좋습니다. 매달 교리 수업이랑 큰스님 법문을 기다리는 시간이 설레고 오늘은 또 어떤 법이 기다리고 있을까 하는 생각이 듭니다. 큰스님 한 가지 부탁드릴 것이 있습니다. 스님 법문하실 때 속도를 조금만 더 천천히 해주셨으면 합니다. 불자 중에서 50% 이상은 속도가 빨라서 잘 못 따라가시는 분들이 많습니다. 스님께서 조금만 천천히 해 주시면 집회 나오는 불자 전원이 법을 이해하고 깨달을 수 있을 것 같습니다. 곧 있으면 큰스님 생신이 다가오네요. 큰스님께 미리 인사드립니다.

"사랑하는 큰스님 생신 축하드립니다."

늘 건강하시고 더 많은 불자분에게 큰스님 법을 들려주세요. 8월은 방학이라 큰스님을 못 뵙지만, 방학 끝나고 9월에는 건강한 모습으로 뵈었으면 좋겠습니다.

사랑합니다! 큰스님.

무০. 사랑하는 큰 스님께

안녕하세요 큰 스님

무더운 폭염 속에서도 건강하게 잘 지내셔죠?

스님께서는 매다 바쁨없이 이곳 경북북부 제교도소

에서 처음듣는 불자수용자들도 쉽게 알아들을수

있게 정말 뜻 깊은 부처님 법을 가르쳐주셔서

정말 감사합니다.

제가 큰 스님의 법문을 처음 접한게 14년 8월 이었는데

어느덧 4년이란 시간이 흘렀습니다. 4년동안 큰 스님의

~~법문을 듣고~~ 많은 것들을 깨달았습니다.

스님을 만나기전 까지만 해도 참으로 어리석고, 화도

많이 내고 했었는데... 현재는 지혜도 생기고 화도 잘

안내고 있습니다. 여기까지 오기가 참으로 힘들었기요...

네 번째 편지

월가스님 보세요. 부족하고 허점투성이며 아무것도 없는 것에 연연하면서 내일을 보지 못하고 그저 오늘만 바라보고 살았습니다. 처음으로 살아오면서 제 삶을 되돌아보며 제 주위를 둘러보았습니다. 아무것도 없는데 그림자처럼 서 있는 나와 내 모든 것을 주어도 부족하지 않을 만큼 믿었던 주변 사람들. 하지만 나만의 착각이었다는 것, 그림자에 현혹되어 좌절하고 슬퍼하며 상처받고 살았습니다. 그래서 더 악해지고 나 아닌 다른 모든 것을 믿지 못하는 병이 생겨버린 것 같습니다. 집회를 통하여 아무런 의미 없이 그저 나누어 주시는 떡을 먹어 보겠다고 다니던 중 이각큰스님께 들은 '아무것도 없는 상태'라는 말씀이 문득 저의 머리에 아니, 가슴에 와

닿는데, 마치 제 생활의 본래 모습을 알려주신 것 같았습니다. 다른 스님들의 집회에서는 느껴보지 못한 체험이었습니다. 같이 다니던 타 수용자들도 과정의 설명은 모두 잊어버리고 결과만을 기억한 채 큰스님께서는 없다는 말씀을 하신다고 하더군요. 중간 부분의 설법 내용을 깨우치지 못하고 이해하지 못한 채 말입니다. 다 기억하기 위해 받아 적기는 하였는데 듣고 쓰고 이해하는 세 가지가 동시에 되지 않아 살면서 어린 시절을 빼고 이렇게 집중한 적이 언제였는지 까마득할 정도입니다. 평상시 아무것도 없다는 말도 많이 썼지만 아무것도 느끼지 못했는데 그때 왜 그랬는지 아직도 의문스럽습니다. 아마도 논리적인 이치가 따랐기 때문이겠지요.

그리고 감사드립니다. 인사를 드린다고 한 것이 서론에 사설까지 너무 길었던 것 같습니다. 주신 것은 주위 동료들과 함께 쓰도록 하겠습니다. 요즘 메르스에 대한 여파로 일체의 집회도 열리지 않고 바깥세상이 시끄러워 여기 또한 조심스러운 분위기입니다. 또한 스님 외에도 평안함이 깃들길 기원합니다. 당분간 스님들과 만남이 없을 텐데, 공백 기간 동안 어떻게 해야 하는지요? 혹 매달 발행되는 책이 있으면 보내 주셨으면 좋겠습니다.

편지를 받은 오늘 하루는 아침에 기상 후 15분가량 참선하고 8시에 공장에 나가 재봉 기계로 장갑을 만들고 5시에 거실에 입방하여 식사 후 여가 시간을 보내면서 따뜻한 서신에 답변을 드리고 있습니다. 똑같은 생활을 반복하면서 같은 생활패턴에 있지만, 사람과 사람끼리 서로 느끼는 불편함을 감수하고 배려해야 함에도 그것을 참지 못하고 서로를 미워합니다. 이런 어리석음에 저 또한 포함되어 내공 싸움을 하면서 서로를 힘들게 하는데, 그럴수록 어리석음을 버리고 부처님의 가르침을 나누어야 한다고 생각합니다. 하지만 그것이 말처럼 쉬운 것이 아닌지라 잘되지 않습니다. 더욱이 무기수들과 예민한 사람들 옆에서는 더더욱 이해한다는 것이 힘듭니다. 잘해주면 조용하고 조금만 서운하면 공격하는 것이 바깥이나 여기나 다름이 없습니다. 형형색색 여러 사람들의 생각들이 존재하기에 이곳은 특히 부처님의 아뇩보리가 많이 필요합니다. 매일 취침 전『금강경』을 한 페이지씩 보고 자는데 뜻은 모르지만 자주 읽다 보면 무엇인가 깨달음이 떠오르지 않을까 생각하면서 읽고 있습니다. 옆에서 어린 동생이 떡 신도가 공부한다고 깔깔대며 웃네요. 부처님의 은덕을 받으면 잠잠하겠지요. 편지를 쓰다 보니 밤이 깊었습니다. 교도관님이 그만 자라고 하네요. 여기서 이만 줄여야 할 것 같습니다. 스님께서도 건강하시고 성불하시길 기원합니다.

늘 정체되어있는 듯하면서도 소리 없이 흐르는 것이 바로 시간이라는 녀석인데 요즘 들어서 그것을 실감하는 듯하고 있습니다. 2017년의 시작이 어느 사이에 몇 개월을 훌쩍 넘어 10월의 시작이 됩니다. 이제 조금 있으면 찬바람에 옷깃을 움츠리게 하는 그런 계절이 되겠지요. 지난 20일에 스님들의 밝은 모습을 보며 바로 소식을 전하려 하였으나 다람쥐 쳇바퀴 도는 듯 변화 없는 이곳에서도 바쁘게 지내다 보니 소식이 조금 늦었습니다.

스님. 지난달의 큰스님 법회 때 몇몇 법우들과 함께 큰스님의 부름을 듣고는 정말 감사하였습니다. 그리고 늘 잊지 않고 계신다는 말씀에 더욱더 정진해야 한다는 다짐도 하여 봅니다. 이곳 청송골에 와서 그동안 전혀 들어 보지도 못하였던 불경의 이치를 자세하게 가르치시며 깨닫게 하여 주신지 어느덧 3년의 세월이 되는군요. 특히 그 어떤 논리로도 부정할 수 없는 큰스님의 법문을 경청할 때면 저절로 고개가 숙어지며 눈물이 쏟아지는 나 자신의 모습을 느낍니다. 이제는 정신의 위대함이 어느 정도는 마음속 깊이 와 닿는다는 그런 얘기겠지요. 그리고 이제는 죽음이라는 절대적인 힘 앞에도 비굴하지 않고 당당하게 받아들일 수 있는 마음 또한 큰스님의 위대하신 정신의 가르침 덕분이 아닌가 합니다. 또한 한 달에 한 번이라 하여도 제자 스님들과의 교리 시간이 저희에게는 크나큰 마음의 공부가 되고 있었기에 늘 든든한 마음입니다. 아직 행정적인 처분으로 인하여 교리 시간에 참석을 할 수는 없으나 그 시간이 되면 언제나 마음은 스님들과 함께하고 있습니다. 아무쪼록 일교차가 심한 요즘에 스님들의 건강을 염려하며 우주에 가득한 그리고 투명하여 영원할 수밖에 없는 정신의 놀음을 영원히 즐기게 되는 그날을 기다려 보며 오늘은 이만 줄이겠습니다. 스님들의 밝은 모습을 그리며 청송골에서 오늘도 정신의 위대함을 느껴봅니다.

불경의 머리를 자세하게 가르치며 깨닫게 하여주신거
아니오 그만의 제월이 되는거오.
특히 그 어떤 논리로도 부정할수 없는 큰 스님의 법문을
경청할때면 저절로 고개가 숙여지며 스스로 눈물이
쏟아지는 내 자신의 모습을 느낄때면 스님은 정성의
위대함을 어느 정도는 마음속 깊이 와 닿는다는 것인
세기겠지요.
그리고 스님은 죽음이라는 절대적인 힘 앞에도 버둥거리
않고 당당하게 받아들일수 있는 마음또한 큰 스님의
위대하신 정성의 가르침 덕분이 아닌가 합니다.
또한 한달에 한번이라 하여도 제가 스님들과의
만남시간의 자취를 내게는 그만큼 마음의 공부가되고
살아가기에 늘 든든한 마음입니다
저가 스님은 행정적인 처분으로 스님과 만남시간에
간섭을 받는다 하여나 그래도 그 시간이 되면 언제나
마음은 스님들과 함께 하고 있습니다.

여섯 번째 편지

이각큰스님께 삼가 배례하옵니다.

무더운 날씨 속에서도 불법을 실천하시면서 살아가시는 스님께는 마음의 연꽃이 만발하리라 봅니다. 그간 강건하셨지요.

매월 한 달에 한 번 유일하게 불법을 듣는 시간. 그것도 이곳에서 시간이 정해진 날에만 듣게 되는 불법. 어느 사람에게도 더는 주어지지 않고 모자라게도 주지 않는 시간, 이 안에서 머물지 말라 합니다. 되도록 후회하는 일들을 적게 하려고 아니 이각큰스님의 말씀처럼 지금, 이 순간을 최대한 진실하게 살려고 노력하는 중입니다.

마음을 안고서 살아가다 보면 내 마음의 과보가 생기기 마련입니다. 이 한 생각이 외로운 이는 늘 고독한 법. 그래서 이각큰스님의 말씀을 되새겨보면 한 생각이 자기 자신을 행복으로 이끌 수 있는데 한 생각을 불행으로 만들면서 살아가지 말라는 말씀을 듣는 저로서는 마음이 뭉클해지기도 합니다. 더군다나 사단법인 보리수에서 나온 『지심』을 보니 이각큰스님께서 많은 불사를 하고 계시는구나 하는 것을 더더욱 많이 느끼게 됩니다. 큰스님의 말씀은 이치고 법칙이면서 누구도 예외 없이 누구나 느낄 수 있는 진리다 보니 마음에 확 와닿습니다. 이런 진리를 느끼게 해주시어 정말 감사합니다. 그저 불경을 읽기만 했었는데, 불경에서 나오는 진리를 이렇게 설명을 듣고 보니 '아, 그렇구나' 하는 것을 느끼게 되었습니다. 그래서 더욱더 감사합니다. 큰스님께서 뿌려 주시는 법향이야말로 진정한 불법이라는 것을 느꼈답니다.

'전일 근로' 작업장에 있으면서 자주 뵙지는 못하는 곳이지만 이각큰스님의 말씀을 되새기면서 하루하루 삶의 변화를 느끼며 지냅니다. 간혹 참석하지 못할 때는 『지심』과 『금강경』을 읽으면서 큰스님의 가르침을 그려 봅니다. 밝은 지혜를 주셔서 고맙습니다. 항상 강건하시고 뜻하신 불사에 부처님의 가피가 가득하시길 기원합니다. 무더운 날씨 속에 늘 평안하시길 바랍니다. 다음에 또 뵙겠습니다.

亦無...得　以無所得故　菩提
薩埵　依般若波羅蜜多故
心無罣礙　無罣礙故　無有
恐怖　遠離顛倒夢想　究竟
涅槃　三世諸佛　依般若波羅
羅蜜多　三藐
三菩提　故知般若波羅蜜
多　是大神咒　是大明咒
是無上咒　是無等等咒　能
陳一切苦　眞實不虛　故說
般若波羅蜜多咒　即說咒曰
揭諦揭諦　婆羅揭諦　婆羅
僧揭諦　菩提　婆婆訶

摩訶般若波羅蜜多心經

觀自在菩薩　行深般若波羅
蜜多時　照見五蘊皆空　度
一切苦厄　舍利子　色不異
空　空不異色　色即是空
空即是色　受想行識　亦復
如是　舍利子　是諸法
空相　不生不滅　不垢不淨
是故　空中無色　無受想行
識　無眼耳鼻舌身意
聲香味觸法　無眼界　乃至
無意識界　亦無無明

화연 스님께 정겹고 따뜻한 마
음이 담긴 지님지를 정말 고맙고
감사한 마음으로 잘 받아 보았
읍니다. 화연 스님께서 제 편지
를 받아 보셨을 당시에는 저는 인천
에 있었는데 지금은 서해 끝자락
인 목포로 이송을 왔읍니다
모든 환경이 낯설고. 또. 사람냄새가
낯선 지금 뜻밖의 화연스님에 (?)
싶은 저에게 커다란 활력(?)가 되
어 다가 왔읍니다
보내주신 여러권의 책을 정독히
고 마음에 담아 인생이라는 여행
길에 좋은 길동무로 삼아 보겠읍
니다. 소중하고 소중하게 한자

일곱 번째 편지

화현스님께 마음을 전합니다.

화현스님의 정겹고 따뜻한 마음이 담긴 계간『지심』을 아주 고마운
마음으로 받아 보았습니다. 제 편지를 받아 보셨을 당시에는 저는
인천에 있었는데 지금은 서해 끝자락인 목포로 이송 왔습니다. 모
든 환경이 낯설고 또 사람 사이가 낯선 지금, 뜻밖의 소식은 저에게
커다란 활력소가 되어 다가왔습니다.
보내주신 여러 권의 책을 정독하고 마음에 담아 인생이라는 여행길
에 좋은 길동무로 삼아 보겠습니다. 소중하게 한 자 한 자 제 마음
속에 담아 저의 잠재의식과 잘 융합하여 곁에 있는 쓸쓸한 사람들

에게 깊고 따뜻한 한마디 하여줄 수 있는 그런 부처님의 제자로 정
진하겠습니다.

제행무상諸行無常 속에 커다란 우주의 일체인 우리가 결코 따로가
아니라 봅니다. 그래서 화현스님의 따뜻한 마음을 멀리서인 여기
서도 느낄 수 있나 봅니다. 다시 한번 더 감사드립니다.

화현스님! 저는 2019년 5월이나 되어야 이곳을 떠납니다.

그 기간만이라도 계간『지심』을 보내주셨으면 합니다.

물과 공기와 같으신 화현스님이길 소망합니다.

성불하십시오.

여덟 번째 편지

삼보에 귀의하옵고

늘 푸른 소나무처럼 언제나 변함이 없으신 보만스님의 모습에 정말 반가웠습니다. 특히, 이번 달에는 무척 즐거운 마음으로 행복하게 스님들을 기다린 것 같습니다. 그리고 마음의 글을 주셔서 정말 감사합니다. 우리 재가자들이 세상을 살면서 불가佛家에 인연이 있다 한들 과연 스님들께서 직접 써주신 글을 얼마나 받을 수 있을까 하는 생각을 가져봅니다. 그래서 저는 이 생각의 그림자인 기억이 쌓이고 그 기억이 쌓인 만큼 세월을 느끼며 이 생각의 능력이 되는 정신의 위대함을 늘 마음에 새기면서 공부에 열중하려 합니다.

그리고 스님의 가르침대로 불제자의 제1 목적인 생사生死의 문제를 놓고 번뇌와 굴레에서 벗어나도록 노력하겠습니다.

스님, 큰스님을 비롯하여 스님들과의 인연이 어느덧 2년이 다 되어
가는군요. 그동안 보아왔던 수많은 서적들…

물론 저에게 많은 지식도 주었고 그 지식으로 만족함을 느끼며 살
아왔으나 이곳 청송에 와서 도각사의 큰스님이신 이각큰스님의 법
문을 경청하며 처음에는 그 어떤 곳에서도 듣지도 못하였던 법문에
'이 무슨 소린가?' 하고 의구심도 들었으나 시간이 지나고 법문의
횟수가 늘어나면서 저 자신의 생각도 서서히 바뀌게 되었습니다.
그리고 스님들께서 엮으신 『불멸』을 보면서 그동안 제가 보아왔던
수많은 책은 그저 한순간의 물거품이 되어버렸습니다.

그 어떠한 불교 서적들도 지금 당장의 이치를 설명하는 것이 아닌,
누구의 견해는 이렇고, 또 이렇게 하면 깨닫는다는 추측성의 말들
과 특히 이것이 지금 나의 행복, 그리고 나의 편안함과 무슨 관련이
있는지를 찾을 수가 없었으며 하물며 백과사전이나 그보다 더한 서
적에도 쓰여있지 않은 '견해' 자체를 설명하여 주는 책은 오직 『불
멸』뿐인 듯합니다. 그렇기에 이제는 그 어떠한 책도 눈에 들어오지
도 않으며 늘 큰스님의 법문과 제자 스님들의 교리 시간이 기다려
지게 됩니다.

스님, 똑같은 하늘 아래서 사랑하는 가족들과 서로 다른 삶을 살아가고 있으나 '지금'의 이 시간이 저에게 있어서는 너무나도 소중하고 행복한 시간임을 다시 한번 느껴봅니다. 매사에 여유가 없던 저에게 느림의 미학과, 시간도 아니면서 시간을 만들어내는 '정신'의 위대함을 일깨워주신 스님들께 다시 한번 깊이 감사를 드립니다. 아무쪼록 늘 강건하시고 다음 달에 뵙는 그날까지 안녕히 계십시오.

處世若大夢
胡爲勞其生

* 본 붓글씨는 교도소 내 불자님께서 기증하신 작품입니다.

處世若大夢 처세약대몽 **胡爲勞其生** 호위로기생

우리 큰스님께서 설하셨던, 세상에서 살아가는 것은 큰 꿈과 같다는 귀하신 말씀이 오늘 책을 펼쳤는데 딱 나오는 것 아니겠습니까. 이 내용이 우리 스승님의 뜻과 일맥상통한지는 모르겠으나, '우리 스승님이 해주신 말씀이었지' 하며, 큰스님 건강하셔야 할 텐데, 나의 꿈에 대중스님들 꿈속에 더 오래 머무셔야 할 텐데 하는 생각을 해봅니다. 우리 스님들 모두 강령하시기를 소원하고 도각사의 배움의 터가 온 세상을 깨우는 자리가 되기를 바라봅니다. 다시 서신 올리겠습니다.

완성과 함께 이해가 될 때의 순간이 '어떠한 목표점을 찾아 헤매이다 어렵게 발견을 한듯, 깨달음의 쾌감을 느낀다고 나 할까?⋯⋯

하지만 그 또한 지나다 보면 백의 백 붓득에게 맞을 수 있는 답이 아님을 알게 될 때는 새로운 의문과 함께 그 무엇의 걸물 향하듯 답을 찾아 헤매이는 것을 느끼게 됩니다.

이렇듯... 숨을 쉬고 있는한 끝없는 여정이 이어지는 것이 삶이라는 것을 배웁니다⋯

열 번째 편지

보만스님께 드립니다.

저는 사회에서 격리된 부끄러운 삶을 이어가면서도 반복된 또 다른 오늘을 맞으며 의미나 목적 없는 안타까우면서도 슬픈 인생을 살고 있습니다. 우스갯소리로 드라마 속에서 행인 역할을 맡아 살아가는 기분과 같을까요?

모자란 재능에서 그나마 글씨 연습과 함께 나름 좀 더 예쁘고 가지런하게 보이고 싶고, 정성 들인 모습처럼 보이는 자기만족의 느낌, 그리고 새로운 맛도 얼핏 느끼고 싶은 욕심에 이렇게 써보았습니다. 그러한 소인의 편협한 생각과 행동을 이해하여 주시고, 나아가 넋두리처럼 이어지는 생각을 평하시고 가르침을 구하는 마음으로 글을 드립니다.

가끔 공허한 상태에서 '나'라는 존재 의식을 느끼는 가운데 삶의 목적이나 이유 등 생각지 않았던 것들이 떠오를 때, 정확한 답을 얻을 수 있는 환경이나 여건도 안 되지만 생각의 틀에서 이리저리 조합해보다가 정답이 없는 엉킨 실타래 같은 상태에서 끝나게 마련이지요. 이러한 상념이 어느 정도의 시간이나 세월이 흐르면 반복이 되듯 떠오를 때가 많습니다. 그러면 대부분 지난 역사의 기록 중 선인이나 철학, 인문학, 또는 종교인들의 명언, 또는 지식을 대조하며 답을 구하다가 실질적인 공감을 느낄 때 '아!' 하는 탄성과 함께 이해될 때의 순간이 어떠한 목표점을 찾아 헤매다 어렵게 발견을 한 듯 깨달음의 쾌감을 느낀다고나 할까…
하지만 그 또한 지나다 보면 백의 백 모두에게 맞을 수 있는 답이 아님을 알게 될 때는 새로운 의문과 함께 구도자의 길을 향하듯 답을 찾아 헤매는 것을 느끼게 됩니다. 이렇듯 숨을 쉬고 있는 한 끝없는 여정이 이어지는 것이 삶이라는 것을 배웁니다.
가끔 보도블록 사이, 오래된 창틀, 또는 옥상 한 모퉁이에서 정상적인 토양이 아니라 먼지와 습기가 쌓인 위태로운 상태에서도 한 송이 꽃을 피운 것을 볼 때 이해가 어려울 수록 신비함을 느끼는 것 같습니다. 나름 애처로움, 희망, 빛 등 다양한 감정을 가지게 되는 것 또한 선택의 양면이겠지요. 이렇듯 하나의 대상을 가지고서도 보는 사람의 시각에 따라 각기 다른 해석을 할 수 있는 것처럼 어느 사람의 현실이나 환경에서도 다양한 선택과 방향도 있음을 새삼 느끼면서, 개인의 선택에서 부정적 해석이 아닌, 긍정적으로 해석하고 받아들이며, 어차피 받아들이고 짊어져야 할 짐이나 매듭들을 현명한 방법으로 풀어나가라는 가르침이 지식이 아닌 지혜의 종교적 가르침이라고 생각합니다.

이번 계간『지심』33호에서 보만스님 설법을 읽으면서 문득 '사람은 색깔에도 비교할 수 있겠구나' 하는 생각도 하여보게 되었습니다. 순백의 색으로 태어나 모든 생명력의 평등한 존귀함을 갖고 살아가는 과정과 결과에 따라 어떠한 색을 선택하여 향하든 결과에서 빛을 낼 수도, 퇴색하여 사그라들 수도 있는 가운데, 어느 색이든 과정에서 노력을 한 만큼 갈고 닦은 것의 실체에서는 영롱한 빛을 낼 수 있지만 모자라거나 넘칠 때는 오히려 때에 절거나 퇴색되어 보기 싫어질 수 있는 상태처럼, 모든 것(육신)을 관장하는 정신의 옳고 그른 책임 정신에 따라 희망과 절망의 갈림길이 정해지는 것이 아닐까? 하는 생각도 해봅니다.

어차피 '나'라는 존재 의식이 느껴진다면 실패와 성공, 고난과 행복 등 양면의 수많은 수레바퀴가 존재하는 것을 인식하고 한쪽으로 치우침보다 자신이 어느 정도 균등한 힘을 배분 시켜 이끌 수 있느냐 하는 것을 먼저 배우고 깨우쳐야 할 듯합니다.

보고 듣고 느끼며 행동하는 모든 것이 공부라는 단어 안에 포괄되어 있듯이 삶의 여정은 배움 속에서 과정 과정마다 희로애락을 느끼듯 다양함을 맛볼 수 있는 과실수가 되고, 그러한 과정의 경험에서 성공이란 달콤한 열매에 얽매임보다는 실패라는 적당한 양념도 가미시키면 새로운 맛을 창조할 수 있는… 단순히 정해진 늙어가는 인생이 아닌 숙성되어 간다는 표현을 들을 수 있으면 하는 바람과 고목일지라도 보는 사람들이 아름다운 향기를 느낄 수 있다면 후회는 않겠지요.

두서없는 넋두리를 맺겠습니다.

* 서신을 써놓고 있다가 부치는 시간을 놓치고서 계간 『지심』을 읽던 중 보만스님의 '색깔사유법' 이각큰스님의 '공통된 허점' 등 다른 부분을 읽다 보니 공감 또는 색다른 이해도 떠올리며 같은 글에서도 다른 느낌을 갖게 됨을 즐기며 읽고, 다시 읽어보게 됨을 감사드립니다.

어제, 오늘, 그리고 또 다른 오늘을 기다리는 미래의 삶 속에서, 어제라는 경험이 오늘을 살게 되는 저에게는 알찬 열매를 맺게 할 수 있는 거름이 되는 것을 배웠습니다. 방등스님의 '응무소주 이생기심'의 필체, 그리고 내용에 대해서도 아름다운 석양을 보게 되는 기분을 느끼게 되더군요.

큰 스님!

정말로 고맙고 감사합니다.

늘 바른 발자국으로 길을 잃고서 방황하거나 머뭇거리는
불자님들께 알아보기 쉬운 이정표를 남겨주셔서 감히제가
경북국목 제1청정도량 여러 불자도반님들을 대신하여
감사함을 표현해 보입니다.

아직도 저는 배우고 익혀야 될것이 많습니다.

그래도 … 저 역시도 다른 불자도반님들께 거감이되고
작고 보잘것없는 이정표가 될지라도 바르게 걸음하는
불자가 되도록 정진 또 정진 하겠음을 약속 드리겠습니다.

이각큰스님께!

긴 추석 연휴의 여운을 함께하기엔 하얀 담장의 높이가 너무 높은 듯하여 못내 아쉬움은 더없이 큽니다. 여전히 건강하시게 쩌렁쩌렁한 사자후로 이곳 경북북부 제1 청정도량을 일깨워 주시는 큰스님의 모습을 뵈니 더없이 기쁘고 반가웠습니다. 150여 명의 불자님들 중 제일 부족함도 많고 서툰 걸음을 시작한 불자이기에 큰스님께선 미처 저를 알아보실 순 없으시겠으나 저는 큰스님의 발자국을 따라 걷고 있는 작지만, 때론 야무진 불자라고 자신합니다. 큰스님께서 법회 중간중간 '제 법문이 어렵습니까?'라고 하문 하시면 '아닙니다'라고 답을 드리고 있습니다.

하지만 아직도 제게 큰스님의 발자국이 어려운 건 사실입니다.

그래도 포기 않고 3년여간 큰스님의 가르침대로 따라 걷다 보니 그 동안 어리석은 생각, 행동들이 조금씩 달라지고 있다는 것을 몸으로 느끼기 시작했습니다. '지금'은 그저 지금이란 '단어'밖에 존재하지 않고, '영원'은 영원이란 '단어'밖에 영원할 수 없다는 것을 늦었지만 깨닫게 되었습니다.

늘 바른 발자국으로 길을 잃고서 방황하거나 머뭇거리는 불자님들께 알아보기 쉬운 이정표를 남겨주셔서 감히 제가 경북북부 제1 청정도량 여러 불자 도반님들을 대신하여 감사함을 표현해 보입니다. 아직도 저는 배우고 익혀야 할 것이 많습니다. 저 역시도 다른 불자님들께 귀감이 되고 작고 보잘것없는 이정표가 되도록 바르게 걷는 불자가 되도록 정진 또 정진하겠음을 약속드리겠습니다.

저의 서원이 잘 이루어지는지, 여러 불자 도반님들이 큰스님의 발자국을 잘 찾아 따라 걷는지 늘 건강하신 모습으로 잘 지켜봐 주셨으면 합니다. 오래도록 잊을 수 없는 소중한 인연으로 말입니다. 보잘것없는 글이 큰스님의 소중한 시간을 탐하였다면 너그러이 아량을 베풀어 주셨으면 합니다.

큰스님! 다음 법회 때 먼발치에서 뵙겠습니다.

踏雪野中去 답설야중거

不須胡亂行 불수호란행

今日我行跡 금일아행적

遂作後人程 수작후인정

눈내린 들판을 걸어 갈때에는
모름지기 그 발걸음을 어지러히 하지마라.
오늘 걷는 나의 발자취은
반드시 뒷사람의 이정표가 될지니라.

* 본 펜글씨는 교도소 내 불자님께서 기증하신 작품입니다.

열두 번째 편지

보만스님께

수은주의 높이에 따라 불쾌지수 또한 높아지는 요즘, 경내의 스님들께서는 어떻게 지내시는지 궁금증이 문득 생겨납니다.

그동안에도 큰스님을 비롯하여 향수스님, 보만스님, 월가스님, 불몽스님, 화현스님, 방등스님… 모두 외울 수는 없으나 도각사 스님들의 편안하심을 부처님 전에 기원 드리며 저의 소식을 올립니다.

보만스님, 오늘은 스님께서 보내주신 책을 감사하게 잘 받았으며 사진은 코팅이 되어 있다 하여 직접 받지는 못하고 바로 영치가 되어 조금은 섭섭합니다. 어떤 사진인지도 모른 채 궁금증만 더욱 크게 되었거든요. 분명 스님께서도 저와의 이별 아닌 이별의 소식에 어딘가 허전하셨을 텐데 말입니다.

스님, 이 불제자는 늘 큰스님과 스님의 가르침대로 언제 어디에서든 배운 대로만 바라보며 살 것입니다. 이곳에서도 어제 집회를 다녀왔는데 특히 세 번째 주이기에 청송의 도량이 무척 생각나더군요. 시계를 보며 '이 시간이면 스님들과의 만남이 되고 이 시간이면 큰스님의 법회 시간인데…' 이렇게 되뇌며 이곳에서 집회를 보았습니다. 아직은 낯선 곳이지만 언제 어디서든 부처님 법을 따르는 저이기에 이곳도 마음의 도량이라 여기면서 제 세상이라 여기며 있는 동안 열심히 공부하며 6개월 뒤에는 좀 더 큰 그릇이 되어 돌아갈 것을 약속드립니다.

청송에서의 2년… 스님께 배운 교리의 근본… 이것이 현재 저에게는 너무나도 큰 깨달음이 되고 있습니다. 아무리 둥지를 떠나 있다하여도 본래 저의 둥지는 부처님의 손바닥 안이 아니겠습니까.
오늘 받은 『불멸1』과 『삐딱선』은 참 그리운 책입니다. 열심히 읽으며 이해하고 나중에는 꼭 이해보다는 몸과 마음으로 실천하는 불제자가 될 것입니다. 어서 시간이 지나 스님의 모습을 빨리 보고 싶은 마음입니다. 그리고 이번 여름에는 계간『지심』은 나오지 않았는지요? 아니면 편집자이신 화현스님께 따로 서신을 드려야 하는지 궁금합니다.

아… 월가스님, 화현스님께도 대신하여 넉넉한 안부 전하여 주신다면 정말 감사하겠습니다. 모르고 있을 때는 그냥 그랬으나 계간『지심』을 보고 난 후로는 보고 또 보고 싶은 것이 그 책이 되었습니다. 내용도 내용이지만 늘 스님들의 모습을 볼 수가 있어서 더욱 기다려집니다. 아무쪼록 무더운 삼복에 늘 강건하셨으면 하는 바람과 함께 부처님 전에 기도드립니다.

맑은 정성으로 관세음보살님을 수놓듯 그리고 칠해보세요 *

이각 큰스님께
　안녕하세요 큰스님
　저는 작년 말 청송교도소에서 기술을 배운
다는 핑계로 이곳 화성직훈교도소로 옮겨온
평범한 재소자 입니다.
　청송교도소에서 약 5년 정도 지내면서 이런
저런 인연으로 알게된 많은 종교지도자 분들중
유독 스님만이 강하게 마음에 남아 있는건 무슨
이유에서 일까요?
　쉬운 말로 표현 하자면,
　그 만큼 스님이 멋쳐 보였기 때문일 겁니다.
　저렇게 멋쩍고 진실으로 부처님의 자비와 말
씀을 가르치려? 애쓰시는 스님도 계시는구나…
　제안의 느낌은 아닐 겁니다.

열세 번째 편지

이각큰스님께

저는 작년 말 청송교도소에서 기술을 배운다는 핑계로 이곳 화성 직훈 교도소로 옮겨 온 평범한 재소자입니다. 청송교도소에서 약 5년 정도 지내면서 이런저런 인연으로 알게 된 많은 종교 지도자분들 중 유독 스님만이 강하게 마음에 남아 있는 건 무슨 연유에서일까요? 속된 말로 표현하자면 그만큼 스님께서 멋져 보였기 때문일 겁니다. 저렇게 열정과 진심으로 부처님의 자비와 말씀을 가르치려고 애쓰시는 스님도 계시는구나. 저만의 느낌은 아닐 겁니다. 그러하기에 청송을 떠나오면서 가장 아쉬웠던 부분도 한 달에 한 번이지만, 그리고 그 시간에 깜박 졸기도 했지만 스님의 설법을 더는 들을 수 없다는 것이었습니다. 언제나 큰스님의 강건하심만을 기원합니다.

열네 번째 편지

삼보에 귀의하옵고.

푸르름이 더해가는 요즘 그 푸른 산속에서 새하얀 아카시아의 꽃이
피면서 그 향기가 더욱더 싱그럽게 해주는 듯합니다. 이 싱그러운
계절에 도각사의 큰스님을 비롯하여 대중스님 모든 분의 안부를 여
쭈어보며 저의 글을 시작합니다.

한낮 기온이야 봄을 넘어 여름을 향하고는 있으나 아침저녁으로의
기온은 아직 싸늘하기에 염려가 되기도 합니다.

일궁스님, 부처님의 법을 함께 배우며 수행하는 우리를 불가에선 도
반이라고 하지요. 참 아름다운 이름입니다. 이렇듯 이름 하나 명칭
하나에도 연꽃처럼 아름다운 인연 이야기입니다.

그동안 세상을 살면서 돈의 노예가 되어 가진 자들의 머슴인 줄도 모른 채 그저 순간의 쾌락에 행복하다고 착각하며 살아온 세월을 생각하면 제 자신이 너무도 초라하다는 생각이 들게 됩니다. 그러나 5년 전 배운 대로 기억하고 행하는 우리 정신의 위대한 능력을 알려주신 큰스님의 가르침에 많은 감명을 받게 되면서 제 자신은 스스로 위대하다는 마음을 갖게 되었습니다.

처음엔 큰스님의 법문을 들으며 많은 의구심도 가졌지요. 요즘처럼 도道판에서 돈에 미친 사기꾼들이 득세하고 올바른 선지식과 인연은 닿지 않고 누구를 믿으며 살아가야 하는지 막연한 생각에 허송세월을 보내고 있었는데 놀랍게도 세상의 가장 낮은 곳에서 큰스님의 위대한 법문을 듣게 되니 제 마음의 문은 활짝 열리게 되었습니다. 이렇듯 세상의 일은 마음 하나에 달라진다는 것을 지천명이 넘어선 나이에 깨닫게 되는군요. 그래서 저는 요즘 큰 행복을 느끼면서 수행 정진을 하고 있습니다. 그리고 매월 셋째 주 수요일 오후 시간이늘 기다려집니다. '오늘은 또 어떤 마음의 행복을 주실까' 하는 생각에…

아무쪼록 다음 달에 뵙는 그날까지 늘 강녕하시옵고 기억한 대로 견해를 내는 부처님의 법칙 안에 있음을 감사하며 두서없는 오늘의 글은 이만 줄입니다.

깨달음의 삶을 살겠노라 마음다짐을 합니다. 스님께 불법을 듣던때 강당에 스님 세분이 계셨는데 그 모습이 제가보는 눈에 들어온 스님들의 형상이 곱고 음덕인 없이 바른자세 그 자체가 부처님 이셨습니다. 저는 많은 전과가 있고 수용자의 신분입니다. 매일 기도하며 감방에 있는 가족걱정, 앞으로의 삶걱정, 이곳의 생활걱정등 오직 나에 걱정뿐 입니다. 허나 설무스님 께서 `삐딱선, 이란 읽기를 쓰시며 삶에 대한 갈등, 고뇌, `깨달음의 과정에서 들어 보게 되는 모든 과정이 무척이나 진심되게 읽는 사람에게 와 닿았습니다. 저는 배움이 짧고 한낱 고집불통의 삶을 살아왔고 청송 까지 오게된 것이 本의 크름이고 인과응보 라 생각합니다. 자존감 강하고 이기는게 이기는건지 진정 알수없고 괴로운 生, 사기 맞고 우울증에 시달리고 술에 빠져 살았던 지난과거 전생의 무게가 이리도 컸단 말입니까? 스님! 본인은 큰스님 법문에 귀를 씻고, 마음을 씻었습니다. (감사합니다,) 제가 큰스님을 알게된것은 이 세상에 와서 믿은 기쁨과 감사 할일입니다, 기특한 스님들 . 스님의 삶이 얼마나 힘들고

열다섯 번째 편지

큰스님께

오늘 법회에서 스님 뵙고 금강반야바라밀경의 뜻을 알았습니다.

스님 법문을 배우고, 진심으로 남은 생을 공부하며 깨달음의 삶을

살겠노라고 다짐을 합니다. 스님께 불법을 듣던 때 강당에 스님 세

분이 계셨는데, 제 눈에 들어온 스님들의 형상은 곱고 움직임 없이

바른 자세 그 자체가 부처님이셨습니다.

저는 많은 전과가 있고, 수용자 신분입니다. 매일 기도하며 담 밖에

있는 가족 걱정, 삶 걱정, 이곳의 생활 걱정 등 오직 나의 걱정뿐입

니다. 하지만 설묵스님께서『삐딱선』이란 일기를 쓰시면서 삶에 대

한 갈등, 고뇌의 순간을 돌아보게 되는 모든 과정이 무척이나 와 닿

앉습니다. 저는 배움이 짧고 고집불통의 삶을 살아왔으니 청송까지 오게 된 것이 생의 흐름이고 인과응보라 생각합니다. 자존감 강하고 이기는 게 이기는 것인지 진정 알 수 없었고, 사기 맞고 우울증에 시달리고 술에 빠져 살았던 지난 과거… 전생의 뭔 죄가 이리도 컸단 말입니까? 그러나 큰스님 법문에 귀를 씻고, 마음을 씻습니다. 감사합니다. 제가 큰스님을 알게 된 것은 이 세상에 와서 얻은 가장 큰 행운이고 기쁨입니다.

자식에게 용돈을 많이 주는 아빠가 최고라고 생각하고 그렇게 키웠지만, 진정한 재산은 이곳에서 배운 불법이라는 진리임을 알게 되었습니다. 사회에 나가면 가족과 함께 도각사에 가렵니다.

모든 걱정은 부처님의 자비로써 이겨낼 수 있을 것 같습니다. 스님들의 삶을 따라 최대한 노력을 다할 것이며 큰스님 이하 모든 스님께 건강 기원하옵니다. 방학 끝나고 뵙겠습니다.

그리고 죄송하지만 큰스님께서 쓰신 책을 빌려주시면 감사히 읽고 돌려드리겠습니다.

못 그리는 그림, 스님 그림은 처음 그렸고 뒷배경은 상상으로 꾸며보았습니다. 어떤 분인지 모르지만 큰스님이 그리운 마음에 그려보았습니다.

이각 큰스님께 드립니다
삼라만상 넓은 우주속에 묻혀있지
취의 합니다 두손모아 큰스님께
항장을 드립니다 감성적인 가을이
지나가고 초겨울이 찾아 왔습니다
이각 큰스님 부처님의 무한 가피속에
부처보존 감하시여 감기끄십 건강하세요
저는 경북이고 청송에당 묵자 있다
매워 3번째재주 이각 큰스님을 항상
기다리고 있는 열렬한 팬입니다 그리고
궁강경 디테일한 불성과 해석까지
손수 해주시니 어려므로 감사하고
고 많습니다 저에게는 유익하고 큰
되니 좋습니다 묵경해서도랑 도각자

열여섯 번째 편지

이각큰스님께 드립니다.

삼라만상 넓은 우주 속에 부처님께 귀의합니다. 두 손 모아 큰스님
께 합장 드립니다. 감성적인 가을이 지나가고 겨울이 찾아왔습니
다. 이각큰스님 부처님의 무한 가피 속에 옥체보존 잘하시어 감기
조심하시고 건강히 지내십시오.

저는 경북 1교 청송 법당 불자입니다.

매월 세 번째 주 이각큰스님을 항상 기다리고 있는 열렬한 팬입니
다. 그리고 『금강경』을 디테일하게 번역과 해석까지 손수 해주시니
여러모로 감사하고 고맙습니다. 저에게는 큰 공부가 되어 유익하
고 좋습니다. 불경해석도량 도각사를 비롯하여 사단법인 보리수,

사회봉사단 지심회, 도서출판 지혜의눈, 대자대비 부처님의 무한 사랑과 은혜 속에 좋은 일만 생기고 행복하면 좋겠네요.

그리고 저는 불망 초심 가슴 깊이 새기며 항상 부처님의 가르침 받아서 모든 것을 내려놓고 신심으로 공부하고 있습니다. 그리고 이곳에서 가정으로, 사회로 돌아가면 올바른 세상을 살 것입니다. 부덕의 탓으로 모든 게 저의 잘못이고, 그리고 숙명인 것 같아 지난날의 뒤안길을 돌아보니 후회로 가득합니다. 그래서 매일 반성하고 뉘우치고 참회하고 있습니다. 아직 이곳에서 보내야 할 시간이 남았지만 진심 저로 인해 고통받은 그분께 꼭 사죄하고 싶습니다. 죄송하다고, 잘못했다고 얘기하고 싶습니다. 이곳에서 사회로 돌아가는 그날까지 알차고 야무지게 설계하고 있겠습니다.

이각큰스님 항상 행복하십시오.

수요일 법회에서 뵙겠습니다.

무량수불 감사합니다.

열일곱 번째 편지

늦가을에서 초겨울로 접어드는 절기가 되면 항상 세월이 유수流
水함을 느껴봅니다. 아무리 세상이 속도의 경쟁이 되는 그런 세상
이라고는 하지만 자연의 이치 앞에서는 도리가 없는 듯합니다.

스님. 그동안에도 도각사의 큰스님을 비롯하여 제자 스님들 모두
의 건강을 여쭈어보며 저의 근황을 전하여 봅니다. 이곳에 올 때만
하여도 더위가 시작될 무렵이었으나 어느 사이엔가 곧 추위가 시작
되는 계절이 됩니다. 이렇게 시간의 흐름이 빠르게 느껴지면 저도
곧 스님들의 곁으로 돌아가는 시간이 되지 않을까 합니다.

이곳의 교육은 집중 인성교육이기에 프로그램 자체가 반복되는 일
도 있으나 어차피 수형생활 속에서 의무교육이기에 즐거운 마음으

로 받고 있습니다. 교육장에서 일주일에 두 번 자습하는 시간이 있기에『불멸』을 보게 되는데 이곳의 선생님들도 처음 보는 그런 책이라면서 한번 보여드렸더니 '세상에 이런 책도 있구나' 하시면서 큰스님의 가르침에 경의를 표하는 것을 보며 제 자신도 모르게 뿌듯한 마음이 들었습니다. 그리고 공동체 시간에 각자의 발표 시간이 있는데 저는 그때마다 계간『지심』을 보며 교육생 모두에게 스님들의 말씀을 전하는 기쁨을 얻게 되었습니다. 보만스님, 이 모두가 스님의 가르침이 큰 힘이 된 듯합니다. 스님의 말씀처럼 빵 한 조각 나누어 먹은 적도 없는 사람들과 부처님의 말씀을 공유한다는 것은 늘 저의 마음을 설레게 합니다. 스님께서 이 죄 많은 사람을 단지 부처님의 가르침으로 인하여 도반이라 생각을 하여 주신다니 저는 더욱 가슴으로 느끼며 정신이라는 위대함을 다시 한번 깊게 마음속에 각인시켜봅니다. 그리고 정신의 위대함을 늘 일깨워주시는 큰스님의 법을 죽어서도 잊을 수 없을 것입니다.

한 생각 바꾸면 자신의 인생이 바뀌듯이 저 역시도 이제 진정으로 생각을 생각으로 보게 되는 듯합니다. 무엇인가 절실하게 느껴질 때면 스님의 말씀이 생각납니다. '지금 절실하게 느껴지는 것이 왜 필요하며 그것이 있으면 과연 행복할까요?'라고 하셨던 그 말씀이 항상 제 마음속에 잠재의식이 되어있습니다. 그러다 보니 이젠 세상을 바라보는 눈과 생각이라는 녀석이 하나라는 것도 알게 되었습니다. 그리고 늘 무상법을 가슴에 간직하고 생활을 하고 있기에 이곳 교육생 모두와 교분도 두터워졌습니다. 이 또한 큰스님과 제자 스님들 모두의 가르침이 있기에 가능하였던 것입니다.

이 기쁜 마음을… 이 가슴 뛰는 얘기를 한 달에 한 번이라도 스님의 모습을 보며 대화하고 싶은데 그저 마음뿐이라 조금은 아쉬움이 남습니다. 그래도 이렇게 글로써나마 공유할 수 있다는 것이 늘 감사하는 마음입니다. 그리고 이 보잘것없는 제자의 글을 계간『지심』에 실어주셔서 정말 고맙습니다.

스님의 법랍이 20년이 되시는군요. 그런데도 아직 무명의 습관이 두텁다고 하신다면 저는 어떻게 살아야 하는지요. 그렇지만 저는 지금의 이 위기를 기회로 삼아 더욱더 불법에 귀의하며 살 것입니다. 더군다나 저에게는 세상에 하나뿐이신 이각큰스님이 계시기에 절대로 두려움은 갖지 않을 것입니다. 그리고 스님들의 제자라는 것에 항상 자부심을 가지면서 어떤 난관도 헤쳐갈 것을 약속드리겠습니다.

아무쪼록 늘 강건하시옵고 큰스님을 비롯하여 스님들 모두의 안녕을 부처님 전에 기원하오며 두서없는 저의 글은 이만 줄이겠습니다.

무심가 (無心歌)

인연따라 세상에 태어나고
지식이 자꾸 들어
착각 속에 살았구나.

이제야.
나를 알고, 깨달아
마음이 공(空)인 걸 알았네.

하여.
자라깨라.
마음에 머묾이 없으니
매일 매일 행복하구나.

열여덟 번째 편지

이각큰스님께

벌써 가을 날씨가 선선함을 넘어 쌀쌀해졌습니다. 건강에 각별히
유의하셨으면 좋겠습니다. 큰스님의 건강은 우리의 건강이지요.
저는 큰스님의 인연 덕분에 정말 잘 있습니다.

9월 20일『금강경』강의를 듣고 가슴이 뻥 뚫렸습니다. 큰스님께서
저의 이름을 불러주시어 순간적으로 멈칫했지만, 저도 모르게 두
손을 모으고 합장으로 답했습니다. 조금은 어색하고 쑥스러웠지만
뛰는 가슴은 주체할 수가 없었습니다. 마치 목마른 자가 물을 찾은
기분이었네요. 큰스님의『금강경』강의를 듣고 네 번의 수정을 거
쳐 이번에는 이렇게 표현해 보았습니다.

무심가 無心歌

인연 따라 세상에 태어나고

지식이 나를 들어

착각 속에 살았구나.

이제야,

나를 알고, 깨달아

마음이 공空인 걸 알았네.

하여

자나 깨나 마음에 머묾이 없으니

매일매일 행복하구나.

사람이 인연 따라 세상에 태어나고 사람답게 살아보려고 교육을 받았습니다. 그러나 그 교육은 나를 착각하게 만들어 수많은 모순성을 발동시키고 나를 멍들게 했지요. 그러나 먼저 깨달은 큰스님의 발자취가 아주 선명하고 확실하여 그로 말미암아 참 나를 깨닫게 되고, 마음의 실체를 알아 정신세계를 경험하게 되었습니다.

저 또한 큰스님의 인연으로 마음을 알았고 비록 이곳에 있으나 매일매일 행복합니다.

큰스님, 사람은 지식을 쌓아 세상을 넓게 보려고 하지요. 그러나 마음의 실체를 모르는 까닭에 일순간에 공든 탑이 무너지고 밑바닥 인생이 되기도 하네요. 그러므로 사람은 지식을 쌓음과 동시에 진리를 터득하여 편중됨이 없이 살아야 하나 봅니다.

큰스님 한 가지 부탁이 있습니다. 도각사에서 정기적으로 발행하는 간행물 계간 『지심』을 받아보고 싶습니다. 저 또한 도각사 일원이 될 수 있다면 꼭 되고 싶습니다. 도각사를 향한 마음은 누구보다 앞서 있습니다. 항상 기도하겠습니다. 늘 함께할 수 없는 게 아쉽지만 월 1회라도 함께하여 귀한 말씀 들려주시니 정말 감사합니다. 큰스님의 『금강경』 강의가 한 마음을 깨끗하게 만들고 다시 또 한 마음으로 전파되어 지역과 사회와 국가가 건강하게 되는 초석이 될 겁니다.

모든 것은 나의 마음이 만드는 것이니 마음의 씨앗을 제대로 심어야 했는데, 여태까지는 쭉정이만 심었네요. 그래 놓고 좋은 열매를 거두려고 했으니 어처구니가 없습니다. 이제야 내가 누구이고 씨앗이 무엇인지, 또 어떻게 심어야 하는지 어렴풋이 알았습니다.

큰스님 정말 감사합니다. 그리고 모든 스님께도 감사를 전합니다. 물론 거사님, 보살님들도요.

항상 건강하시고 행복하게 지내십시오.

걱정이라는 생각이 얼마나 힘들게 했는지 알게 되었습니다. 힘들게 고민하며 살아온 삶이 얼마나 부질 없었는지, 내 자신을 위해 포장하고 자랑하기 위해 곁에 있는 가족을 속이며 살아온 인생의 삶이 부질없었습니다.
부처님의 말씀에 저의 삶이 부끄러워졌습니다
돌이킬 수 없는 과거의 번뇌 속에 허우적 거리며, 무거운 짐을 얹고 행복하다는 자아도취에 빠져 보이지 않는 허상의 욕망을 쫓아가는 거짓된 시간을 보내지 않도록, 언제나 부처님의 가르침을 배려주시고, 현실의 눈을 뜨게 하여, 깨달음을 주시는 큰 스님에게 감사와 고마음으로 합장인사 드립니다

열아홉 번째 편지

고마운 큰스님! 폭염의 날씨가 부처님의 가르침을 전파하시는 큰스님을 힘들게 하지 않았으면 좋겠습니다. 큰스님께서 항상 건강하시길 빌고 있는 불자들이 있다는 걸 알아주십시오. 한 달에 한 번 뵙는 한 시간의 가르침으로 인해 제 삶이 허망하게 느껴지고, 부처님의 가르침을 아주 조금 이해하면서 걱정이라는 생각이 얼마나 힘들게 했는지 알게 되었습니다. 오직 나 자신을 위해, 자랑하기 위해 곁에 있는 가족을 속이며 살아온 모든 순간이 부질없었습니다. 부처님의 말씀에 저의 삶이 부끄러워졌습니다. 돌이킬 수 없는 과거의 번뇌 속에 허우적거리며 무거운 짐을 얹고 행복하다는 자아도취에 빠져 보이지 않는 허상의 욕망을 좇아가는 거짓된 시간을 보내지 않도록 언제나 부처님의 가르침을 내려 주시고, 현실에 눈을 뜨게 하여, 깨달음을 주시는 큰스님에게 감사와 고마움으로 합장인사 드립니다.

이라 큰스님께서는 금강경 책을 불자은에게 나눠어 주셔서 매월 법회 시간대 설법해 주셨는데 지수 .화 .풍 .윤진 짝깐 소리 냄새 맛 감촉 .눈 .귀 .코 .혀 33쪽 참조 들었던 기억이 납니다

난생처음 큰스님 설법을 듣고 조금은 기대도 되고 흥분도 되는 마음으로 들었습니다

스님께서 많은 공부를 하셔서 느끼고 경험한 사변적인 부분은 생각들을 정확히 말씀하시고 체계적으로 정리해서 설법을 해주신다는 것이 정말로 어려운 일인데 스님께서 개인의 능력도 있으시겠지만 고개가 절로 숙여 집니다

또한 교리를 통해 여러스님 분들께 힘없고 나약한 저희들이 삶의 어떤 목표를 두고 살아가야 되는지에 대한 질문의 답을 보여주는 것 같았습니다

한마디로 용기 내면의 강인함 한없는 자비 깨달음 이타심의 모습으로 삶을 살아가는 모습이라 생각을 해봅니다

지혜의눈 편집장 화현스님께

안녕하십니까. 연일 계속되는 찌는 듯한 무더위에 도각사 이각큰 스님을 비롯, 모든 스님분들께서도 여름 잘 나시고 건강하옵시며 잘 계시겠지요. 이번에 편저하신 계간 『지심』 책을 여러 번 정독하여 읽어보았습니다. 많은 스님분들의 글을 읽고 한 글자, 한 글자 너무나 마음에 와닿아 감동으로 눈시울이 붉어졌습니다.

스님, 저는 2014년 초부터 2년가량 불교 집회에 참석하여 이각큰 스님 법문을 듣고 1년 동안 불교 교리 공부를 하면서 보만스님, 월가스님, 화현스님, 종종 주지 향수스님을 직접 뵙고 좋은 법문을 들었던 기억이 새롭습니다.

이각큰스님께서는『금강경』책을 불자들에게 나눠주시고, 매월 법회 시간 때 설법해주셨는데, 지수화풍, 육진인 색깔, 소리, 냄새, 맛, 감촉, 눈, 귀, 코, 혀 등에 대한 말씀을 들었던 기억이 납니다. 난생처음 큰스님의 설법을 듣고 조금은 기대도 되고 흥분도 되는 마음이었습니다. 스님께서 많은 공부를 하셔서 느끼고 경험한 사실을 정확히, 체계적으로 정리해서 설법을 해주신다는 것이 정말로 어려운 일인데, 스님께서 개인의 능력도 있으시겠지만, 고개가 절로 숙어졌습니다. 또한 교리를 통해 여러 스님들께서 힘없고 나약한 저희들이 삶의 어떤 목표를 두고 살아가야 하는지에 대한 답을 보여주는 것 같았습니다. 한마디로 용기, 내면의 강인함, 한없는 자비, 깨달음, 이타심의 모습으로 삶을 살아가는 모습이라 생각을 해봅니다.

그러는 중 1년 6개월가량 직업훈련생으로 갔다 와서 개인적인 사정으로 기독교 집회 참석을 하다 보니 뜻하지 않게 자매결연을 하게 되었고, 어쩔 수 없이 다니고 있습니다만 때가 되면 개종할 예정입니다. 그리고 현 불교회장님과 같은 공장에 생활하고 있어서 회장을 통해 보리수의 계간『지심』과 타 불교 잡지, 불교 서적을 구입하여 불경 공부를 하고 있습니다.

그래서 염치 불구하지만 도움을 좀 받고자 합니다. 다름이 아니옵고 계간『지심』책을 오랫동안 구독하고 싶습니다. 어떻게 하면 받아볼 수 있을는지요. 만약 조금 힘들다면 제 자비로 구입하고 싶습니다. 좋은 소식 기다리겠습니다.

끝으로 큰스님을 비롯해 여러 스님께 지면으로나마 큰절 삼배 올립니다. 언젠가 만나 뵐 때까지 건강에 유의하시고, 언제나 행복 가득하시길 서원하겠습니다.
앞으로도 계속 큰 스승님으로 멘토가 되어주셨으면 합니다.
감사드립니다.

스물한 번째 편지

이각큰스님께

무더운 날씨가 사람의 정신을 혼미하게 합니다만 오늘은 더는 활개 치지 못합니다.

배움에는 왕도가 없다 했나요.

아무리 열악한 환경일지라도 생사해탈을 주관하는 법문을 듣는데 어찌 더위에 연연하겠습니까.

큰스님의 당당한 모습과 괄괄한 음성은 엉성한 저의 마음가짐을 단박에 정신일도精神一到 하게 하고 『금강경』을 펼쳐 들고 큰스님의 주옥같은 말씀을 듣고 저의 보잘것없는 마음 밭을 갈아 엎어봅니다.

큰스님이 말씀처럼 인생은 한낮의 꿈이요. 실체가 없는 나에게 속고 살았다고 하신 말씀이 가슴에 팍 와닿네요.

이제부터는 무아의 경지를 넓혀 마음에 있는 망상을 털고 과거의 집착에서 벗어날 것입니다. 이제는 삶의 본질을 깨닫고 진정한 행복감을 알고 살아갈 것입니다. 뒤돌아보면 너무나 모진 삶인 것 같습니다. 사실 얼마 전까지만 해도 '살아서 뭣 하겠나, 더럽고 사나운 팔자 이렇게 살아서 뭘 하겠나?' 하고 자책하며 살았지요.

저에게 종교는 현실에서 도피하기 위한 또 다른 통로였습니다. 그래서 떡 신자로 기독교 집회에 왔다 갔다 했지요.

그래 이제 끝난 인생인데 불교 집회도 한번 가보자 하고 불교로 개종하고 예불을 보게 되었습니다. 그런데 그날 큰스님의 거침없는 법문을 듣고 크게 감동을 하였네요.

짐승만도 못한 사람에게 부처라고 말씀하셨고 세상사는 사람 치고 죄를 짓지 않는 사람이 어디 있겠느냐고 하시며, 지금이라는 순간도 영원히 깨끗하다고 하셨지요. 1초가 지나고 10초가 지나고 십 년이 지나도 과거는 과거라는 것으로 평등하다고, 모든 것은 자신의 마음이 만든다고 말씀하셨습니다. 저의 생각 속에서 많은 일들이 주마등처럼 스쳐 지나갔습니다.

누구나 현재를 살지 못하고 과거에 집착되어 살아가면서 나는 과거 지향적인 사람은 아니다, 현재의 삶에 최선을 다하는 사람이라고 큰소리치며 살았지요.

또한, 남을 도울 때 진실로 도와 본 적이 있나 조용히 반문도 해보았네요. 과연 대가를 바라지 않는 보시의 순수성으로 도와보았나 정말 부끄러운 일입니다.

나에게 정말 필요 없는 물건이라도 남에게 줄 때는 큰 선심이나 쓰는 것처럼 '그래 너 쓰라' 해놓고는 나를 아는 척하지 않으면 단박에 '아이코 내가 미쳤지, 저런 놈에게 왜 줬을까?' 하고 탄식을 했습니다. 그러나 이제는 집착이 없습니다.

지나간 것은 지나간 대로 인정하는 법을 배웠기 때문입니다. 애초부터 나의 것이라고 할 것은 아무것도 없으니까요. 나와 잠깐 인연이 되었을 뿐 시간이 지나면 흩어지는 인연은 다시 돌려보내는 것이 삶의 모습이겠죠.

다시는 인연의 끈을 잡아채면서 무명의 삶을 살지 않을 거예요.

혹시 속된 삶이 될지라도 그냥 한 번씩 씨~익 웃고 말 거예요. 흔들림 없는 사람이라는 뜻은 아닙니다. 흐르지 않는 물은 썩듯이 나라는 생각이 고여 마음을 만든다면 마음은 썩고 말겠죠.

썩은 마음은 가까운 사람들부터 한 사람씩 한 사람씩 물들게 할 것이고 썩은 냄새를 풍겨 삶을 불편하게 할 것입니다. 이제 나를 제대로 알고 깨달아 삶의 가치를 올리고 행복감을 제대로 느껴보려고 합니다. 이렇게 사유하며 부처님의 가르침을 알려 주시는 분이 있으면 더 없는 삶이겠지요. 교도소 밖이나 교도소 안이나 주인 되어 살아간다면 후회 없는 인생이라 할 수 있을 겁니다.

보낸 편지에 메아리가 없는 걸 보니 많이 죄송하네요. 제가 번거롭게 해드리는 것 같아서요. 그럼 더운 날씨에 많이 쉬시고, 건강히 지내십시오.

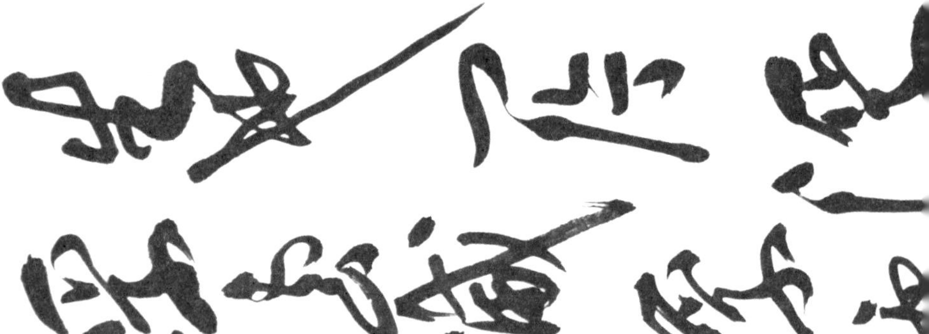

여전히 잘 지내시고 계시겠지요?
큰스님과의 인연이 꽤 긴것 같은데 ... 그 동안의
가르침을 제대로 제것으로 만들지 못하는 것이
죄송스러울 따름입니다.
매번 법회때 마다 아주 쉬운 방법으로 많은
가르침을 주셨건만, 저희의 닦음 그릇이 작은것인지..
아직도 현철치. 사세찮만 하고 있는 것인지...
여전히 부족함이 많습니다.
한순간 ... 찰나, 찰나! 끊임없이 변화하고 있는
공간에 살면서도 "지금"이 그대로 존재하고 있는듯한
착각과 망상에 시간을 낭비하는 스스로의 모습이
부끄럽고 안타까운 성악이 드는 글자들이
제법 많은것 같습니다

스물두 번째 편지

이각큰스님께

높은 담장 너머 보이는 짙은 녹색을 띠고 있는 산속에 나무들을 바라보고 있으니 올여름은 지난여름보다 더위라는 놈이 심하게 장난을 치며 기승을 부릴 것 같은 생각이 듭니다. 여전히 잘 지내고 계시겠지요? 큰스님과의 인연이 꽤 긴 것 같은데, 그동안의 가르침을 제대로 제 것으로 만들지 못하는 것이 죄송스러울 따름입니다. 매번 법회 때마다 아주 쉬운 방법으로 많은 가르침을 주시건만, 저희의 그릇이 작은 것인지, 아직도 현실 탓, 신세 탓만 하고 있으니 여전히 부족함이 많습니다.

한순간, 찰나찰나 끊임없이 변화하고 있는 공간에 살면서도 '지금'

이 그대로 존재하고 있는 듯한 착각과 망상에 시간을 낭비하는 스스로의 모습이 부끄럽고 안타까운 생각이 드는 불자들이 제법 많은 것 같습니다.

그래도 다행인 것이, 큰스님과의 인연이 더해질수록 주변 불자님들의 표정 하나하나에서 어둠을 내보내고 밝음을 받아들이는 것이 느껴질 정도로 무척 좋아 보인다는 것입니다.

아직도 서툴고 실수투성이인 걸음마입니다. 아직도 '내려놓음'이란 말은 좋은 책이나 명사들의 강의에서나 들을 법한 것으로 알고 내 것이 아니라 여기고 살아왔었습니다. 하지만, 지금 이 찰나부터 조금씩이지만, 달라질 것입니다. 못하면 못하는 대로 포기하지 않고 변화되는 공간에 동화되어 잘 살아가겠습니다.

늘 경북북부 제1 청정도량에 어려운 발걸음을 해주시고, 수많은 불자님에게 큰 울림을 주셔서 정말 감사합니다. 오래도록 스님과 인연이 닿길 바라봅니다. 마음을 모아 대신 표현을 하다 보니 혹시라도 큰스님께 결례를 범하지 않았나 모르겠습니다. 결례를 범하였다면 아량을 베푸시어 너그러이 봐주셨으면 합니다.

큰스님! 언제나 건강하시고, 날마다 복된 날들 되시길 진심으로 기원합니다. 다시 한번 깊은 감사를 드립니다.

고맙습니다. 법회 때 또 뵙겠습니다.

많이 그리운 보만스님께

입춘이 지나면서 벌써 봄이 오는 것을 시샘이라도 하는 듯 요사이
며칠은 상당히 추운 듯합니다. 스님 계신 도각사 앞의 오태저수지
도 더욱더 얼음의 두께가 두껍게 느껴지겠지요? 이 겨울의 끝자락
에서 저의 근황을 전하여 봅니다.

먼저 도각사 회주이신 이각큰스님을 비롯하여 제자 스님들 모든 분
의 건강이 궁금하군요. 아직은 동안거 해제일이 되려면 조금은 남
아 있겠지요. 저 또한 이곳에 도착하여보니 겨울 방학이 시작되면

서 집회가 없다 보니 그냥 혼자서 늘 하던 대로 공부를 하면서 지내고 있습니다. 특히 이번 초파일은 다른 때와는 달리 조금 일찍 찾아오기에 벌써 계획을 세우며 작년보다는 조금 더 나은 연등을 하나라도 더 만들려고 정성을 다하고 있습니다. 그리고 4월 초에 있을 독경대회 준비에도 모두 열심히 하는 듯합니다. 지도교사가 있는 것도 아니지만 불심佛心 하나만으로 정말 열심히 목탁을 두드리는 모습에 이따금 소름이 돋을 때도 있습니다. 저도 이번 교육을 끝내고 다시 돌아와 예전에 있었던 종교 거실에서 스님께서 보내주신 목탁으로 열심히 경을 읽으며 수행을 하고 있습니다. 그리고 이번에 보내주신 계간 『지심』을 받고는 정말로 감사한 마음과 나날이 발전하고 널리 포교하고 계신 스님들께 엎드려 절을 하려 합니다.

스님, 정말 소중한 부처님의 법으로 이어진 인연이기에 스님들이 계시든 안 계시든 제 마음은 언제나 변함이 없습니다. 특히 이번 계간 『지심』에 쓰인 방등스님의 일필휘지… 초발심初發心을 보며 많은 생각을 하게 됩니다. 물론 스님의 말씀처럼 홀로 공부한다는 것이 결코 쉬운 것은 아니지만 그래도 부처님의 법을 따르는 제자들은 결코 다른 지식은 필요 없을 듯합니다. 그저 앉으나 서나 일체법과 정신으로 이어지는 생각, 그리고 미력한 저에게 언제나 따뜻한 말과 위로를 해주신 스님의 노고에 보답이라도 하여야 하는데… 아직은 갈 길이 먼 제 자신이 선뜻 답을 드릴 수 없음에 마음 아파옵니다. 그러나 언제인가 저 또한 돌고 도는 세상의 흐름에 의탁하여 지내다 보면 도각사 스님들을 도우면서 세상의 밝은 빛이 되는 날이 있지 않을까 합니다. 그때를 위하여 지금의 이 시간이 결코 헛된 시간이 되지 않도록 열심히 정진할 것입니다.

스님. 엊그제 화단 옆을 지나며 목련 나무에 하얀 목련의 꽃망울이 맺혀 있는 것을 보며 이제 곧 3월의 집회가 시작된다는 설렘에 마음이 움직이더군요. 그래도 아직은 겨울의 끝자락입니다. 부디 도각사 모든 스님이 건강하시기를 기원하며 두서없는 오늘의 글은 이만 줄이겠습니다.

큰스님 전상서!
계절의 여왕이라는 5월도 다 가고 무더위의
시작인 시점에서 큰스님께 인사올립니다.
밖의 날씨는 덥기 시작했다고 하지만 이곳 청송골의
날씨는 아침. 저녁으로는 사늘한 기운이 감싸고
잠자리 에서는 이불을 목까지 끌어올리며
지내고 있습니다.
계절이 바뀌는 절기에도 큰스님의 건강이
강건하시며 좋은날들의 연속이길 빌어봅니다.
제가 불교회장을 맡두고 뒷좌석에서 큰스님의
모습과 법문을 들으며 지내고 있습니다만
큰 스님께서 들어오실때 나가서 맞이하고 인사
올려야 했에도 수용자의 신분이다 보니 다른 사람
들의 시선을 끌고 하는것이 여러가지로 누가
되는것이 아닌지 염려되어 그리하지 못하고
있으니 큰 스님께 용서를 구합니다.

스물네 번째 편지

큰스님 전상서!

계절의 여왕이라는 5월도 다 가고 무더위의 시작인 시점에서 큰스

님께 인사 올립니다.

밖의 날씨는 덥기 시작했다고 하지만 이곳 청송골의 날씨는 아침,

저녁으로 서늘한 기운이 감싸고 잠자리에서는 이불을 목까지 끌어

올려야 합니다.

계절이 바뀌는 절기에도 큰스님의 건강이 강건하시며 좋은 날들의

연속이길 빌어봅니다. 제가 불교회장을 그만두고 뒷좌석에서 큰스

님의 모습과 법문을 들으며 지내고 있습니다만, 큰스님께서 들어

오실 때 나가서 맞이하고 인사 올려야 함에도 수용자의 신분이다

보니 다른 사람들의 시선을 끌고 하는 것이 여러 가지로 누가 되는 것이 아닌지 염려되어 그리하지 못하고 있으니 큰스님께 용서를 구합니다.

불교회장을 하며 앞에서 큰스님을 대하고 인사 올리고 할 때는 몰랐습니다만 지금 조금 떨어진 곳에서 스님의 모습을 뵈니 더더욱 간절한 마음이 앞섭니다. 며칠 전 큰스님께서 제게 오셔서 가까이서 모습을 뵈니 가슴이 뭉클해짐을 느끼며 조금 수척해지신 것 같아 걱정스럽기도 합니다. 항상 건강하시어 큰스님의 우렁찬 사자후가 이곳 청송에서도 오랫동안 지속되길 많은 불자님이 염원하고 있습니다.

그리고 큰스님!

이곳의 불자님들이 대부분 그렇지 않지만 몇몇 사람들이 가장 기본적인 예의나 의식을 갖추지 못하고 폐를 끼치는 사람들이 있습니다. 그런 사람들이 도각사에 연락하고 찾아가서 누가 되는 일이 없어야 할 텐데 너무나 안타깝고 부끄럽습니다.

제가 불교회장은 그만두었지만 오랫동안 회장을 해왔고 지금은 작업장 봉사원도 하고 있고 이래저래 많은 이들과 소통을 하고는 있지만, 개인적으로 찾아가고 연락하는 이들을 제재할 방법이 없으니 답답합니다.

그동안 매달 큰스님을 뵈며 법문을 들으면서 흐트러진 마음을 한데 모으고, 조금씩 조금씩 큰스님의 혜안을 따르고자 나름대로 고군분투하고 있습니다. 항상 자비로우신 웃음으로 대해주시는 큰스님께 다시 한번 감사드립니다. 큰스님께 누가 되지 않도록 열심히 살아가겠습니다. 또, 서신 올리겠습니다.

건강하십시오.

* 본 그림은 교도소 내 불자님께서 기증하신 작품입니다.

스물다섯 번째 편지

화현스님 안녕하세요!

그동안 몸 건강히 잘 지내고 계셨는지요.

7월의 여름 하늘을 무심히 쳐다보았습니다. 그리고 푸르름과 맑고 선명한 하늘에 도각사 사찰에서 수행 정진하시는 큰스님, 금적스님, 주지 향수스님, 보만스님, 월가스님, 일궁스님, 방등스님, 성아스님, 화현스님의 모습을 한분 한분 떠올려 보았습니다.

고요함과 성스러움이 있고 사찰의 공간 속으로 들리는 목탁 소리와 스님의 경전 읽는 소리, 그 틈 사이로 들리는 산사의 풍경소리가 들리는 듯하여 마음이 경이로와졌습니다. 화현스님께서 정성스럽게 보내주신 계간『지심』책 네 권과 편지 잘 받았습니다. 마음속 깊이 감사드립니다. 제 편지 내용과 그림을 책으로 엮는 데 조금이나마 도움을 드릴 수 있어서 저로서는 너무나도 큰 기쁨입니다. 감사합니다. 제가 행복을 찾아 시선과 마음을 밖으로 돌려 헤매던 세월이 너무나 길지 않았나 생각됩니다. 진정한 행복은 밖이 아닌 내 안에, 마음 안에 있지 않았나 생각됩니다. 이런 방향을 잡아주신 스님분께 깊은 감사를 드립니다. 더운 날씨에 업무에 시달리고, 수행 정진하시는 데 힘든 계절이에요. 부디 몸 건강하시고 번뇌로부터 자유로워지고 불성을 체득하시길 석가모니 부처님께 간절히 비옵니다. 행복하세요!

* 본 그림은 교도소 내 불자님께서 기증하신 작품입니다.

그러는 가운데 현재의 위치로 인한 내면적 갈등을 지우지
도, 고통에서벗어나지도 못하면서 상처의 아픔으로 인한
슬픔만 곱씹고 있습니다.
그러다 우연한 기회에 '호心'을 빌려 보게 되었습니다.
많은 책 마다 색다른 알곡의 맛도 느끼지만 '지심'의 내용
에 호감을 갖게 되었습니다.
하지만 저는 이곳에서 말 하는 범자(연고나 접견인이 없는)
인지라 책을 정기적 구입을 할 경제능력이 없어 염치불구
하고 무료구독을 할 수 있었으면 하는 마음으로 부탁드리며
선처를 구합니다.
삶에서의 모든 과정은 대비 되는듯 하면서도 잊고 지낼수
밖에 없는 양면성이 있기에 책 이라는 존재는 망각 되는
것과 무지한 것을 일깨우는 빛물이라 생각 합니다.

스물여섯 번째 편지

안녕하십니까.

저는 경북 제1교도소 수용생활을 하고 있습니다. 종교는 '기독교'
이지만 삶에 대한 희로애락 등을 경험하였다고 하면서도 안개 속과
같은 지난 세월, 기억 속에 항상 헤매는 터라 종교에 관계 없이 여
러 가지의 책을 섭렵하고 있습니다.

많은 갈증을 느끼는 가운데 현재의 위치로 인한 내면적 갈등을 지
우지도, 고통에서 벗어나지도 못하면서 상처의 아픔으로 인한 슬
픔만 곱씹고 있습니다. 그러다 우연한 기회에 계간 『지심』이라는
잡지를 빌려보게 되었습니다. 많은 책마다 색다른 알곡의 맛도 느
끼지만 계간 『지심』의 내용에 호감을 갖게 되었습니다. 하지만 저

는 연고나 접견인이 없는 사람이라 책을 정기적으로 구입할 경제적 능력이 없어 염치불구하고 무료구독을 할 수 있었으면 하는 마음으로 부탁드립니다. 삶에서의 모든 과정은 대비되는 듯하면서도 잊고 지낼 수밖에 없는 양면성이 있기에 책이라는 존재는 망각되는 것과 무지한 것을 일깨우는 보물이라 생각합니다.

모쪼록 저의 청구가 황당한 면도 없지 않겠지만, 동굴 속을 헤매며 방황하는 외로운 사람에게도 나도 모르는 곳에 희망의 빛은 항상 존재한다는 것을 일깨워 주시면 감사하겠습니다. 강한 위로와 성찰로 인한 새로운 삶을 항상 갈구하는 현실적 환경을 극복하고 싶기에 간구합니다.

어제, 오늘은 겪으면서도 내일은 말만 듣고 안 오는 줄 알다가, 수없이 지났다는 것을 뒤늦게 알고 황당함과 아쉬움도 있지만 지나갔을지언정 또다시 기다려주는 사랑도 제일 많이 함유한 것이 내일이라는 것을 알고 기대합니다.

과거를 밑거름으로 희망을 품는 오늘을 통하여 내일에 희망이라는 열매를 딸 수 있는 삶을 지원해주십시오. 항상, 좋은 글을 위해 힘쓰시는 제작 관련자 분들 모두에게 감사와 함께, 올해 건강하심과 하시고자 하는 모든 것이 이루어지시길 기원드립니다.

스물일곱 번째 편지

존경하는 큰스님께 인사 올립니다.

마음 쓰실 곳이 많으실 큰 스승님께서 소생에게 귀하신 뜻으로 법
명을 내려주시니 감사할 따름입니다. 내려주신 법명은 눈을 감는
날까지 저의 도량이라고 생각하며 늘 새로운 지금에 내 눈에 보이
는 모든 것들이 나라고 여기며 살아가도록 노력해보겠습니다.
길을 걷고 또 걷다가 다리가 아프고 등에 땀이 나고 이마에 땀이 맺
혀있을 때 저 멀리서 불어오는 산바람처럼 제 곁에 오셔서 저의 정
신을 깨워주시고 저의 행동을 바로 잡아 주시며 저의 마음을 맑게
정화시켜주신 스승님. 어떤 날은 포근한 아버지의 미소로 위로해

주시고, 어떤 날은 큰 줄기의 폭포처럼 감히 범접할 수 없는 위엄함으로 가르침을 주시는 큰스님. 감히 존경합니다.

스승님께서 주신 법명으로 세상 사람들을 안정시키고 변치 않는 가르침을 전하면서 살아가도록 노력하겠습니다. 스승님 항상 저의 큰 산이 되어주셔서 제가 세상에 튼튼한 뿌리를 내리고 향기 나는 나무로 자랄 수 있게 도와주실 것을 소원합니다. 향기 나는 나무가 되려면, 저는 지금 묘목이니 앞으로 50년 정도 저를 보살펴주셔야 합니다.

그리운 마음 가득 담아서 이제 그만 물러갑니다.

길을 걷고 또 걷다가 다리가 아프고 등에 땀이 나고

이마에 땀이 맺혀 있을때 저 멀리서 불어오는 산 바람

처럼 제 곁으로 오셔서 저의 정신을 깨워 주시고

저의 행동을 바로 잡아 주시며 저의 마음을 맑게 정화시켜

주신 스승님. 어떤날은 포근한 아버지의 미소로 위로해주시고

어떤날은 큰 줄기의 폭포 처럼 감히 범접할수 없는 위엄함으로

가르침을 주시는 큰 스님. 감히 존경합니다.

스승님께서 주신 법명으로 세상 사람들을 안정시키고

변하지 않는 가르침을 전하면서 살아가도록 노력 하겠습니다.

스물여덟 번째 편지

삼보에 귀의하옵고, 무더운 여름 폭염과 함께 지내시느라 많은 고충이 있으시지요. 특히 큰스님의『금강경』한글번역 사경집 출간에 매진하시느라 많은 고생을 하고 계신 줄 알고 있습니다. 늘 저희들을 위하여 부처님 법을 가르치시는 큰스님의 노고에 이 짧은 글 속에서나마 진실한 마음을 담아 감사의 뜻을 전하여 봅니다.

스님, 저는 이렇게 책상 앞에 앉아 스님께 편지를 쓰는 시간이 가장 행복한 그런 시간이 되고 있습니다. 이 모두가 인연법에 따라 향상되는 저의 마음이 아닌가 합니다. 오늘은 지난 번에 보내주신 계간『지심』을 읽고 그 중에 감명 깊었던 내용을 짧게나마 전하려 합니다.

원주이신 방등스님의 <일필휘지> '적멸위락'부터 불화원 금륜, 보
륜님의 <불화 그리기>까지 그 어떤 내용 하나도 빼놓을 수 없었으
나 그 중에 <스님들의 한담터> 이야기 중 성아스님의 '가장 위대한
용기'를 읽고 많은 감명을 받았습니다.

세속을 떠나 도각사를 수행처로 삼은 지 어언 20년의 시간이 지나
세속의 어머니를 찾아가는 모습, 그리고 그 어머님의 위대한 용기.
참으로 가슴 뭉클하게 전해오는 이야기였습니다. 특히 스님들이
오셨다며 어머님 본인도, 그리고 동생들과 어린 조카들에게까지
예를 갖추라는 어머님의 말씀에 저 역시 부처님 법을 배우는 수행
자의 한 사람으로서 머리 숙여 깊은 감사를 드립니다. 출가한 스님
이 아니라 슬하의 자식으로만 인정을 하고픈 마음이셨겠으나 출가
하고 6년 만에 정각을 이루시고 제자들과 함께 12년 만에 고향에 돌
아온 석가모니부처님의 부모처럼 정말 위대하신 용기가 아닌가 합
니다. 성아스님의 속가 어머니이신 일지보살님께 이 지면으로나마
찬사를 드리고 싶습니다.

"어머니, 당신은 정말 위대하신 용기를 지니고 계신 현신의 성인이
십니다."

사설이 너무 길었네요.

스님, 저의 그동안 수행담은 이렇습니다.

똑같은 하늘 아래 세상의 사람들과 서로 다른 삶을 살아가고 있는 저이기에 어쩌면 스님들과 비슷한 모습이 아닌가 합니다. 그리고 도각사 큰스님의 법문을 들으며 하루하루가 다르게 변모해가는 나의 모습을 이따금씩 되돌아보며 늘 가슴 벅차오름을 느끼는 것은 아마 저 역시도 부처님 법을 따르면서 스님들의 가르침을 제대로 배우고 있기에 그런 것이 아닌가 합니다.

특히 한 달에 한 번이지만 그 교리 시간이 저에게는 그지없는 도움의 길이 되었던 것 같습니다. 큰스님께서 '정신을 설명하시고 불성을 가르치시는 것은 본래의 내 모습을 알려주기 위함이다'라는 가르침을 지금까지도 가슴속에 새기며 늘 본래의 모습을 올바르게 바라볼 수 있도록 수행하고 있습니다. 그러다 보니 이제는 생각이라는 녀석을 어느 정도 내려놓을 수도 있게 되었습니다.

이 모두가 큰스님을 비롯하여 근 2년 동안 제자스님들과의 교리시간이 있었기에 가능하였다고 봅니다. 이제 무더운 여름도 지나며 저희들의 방학기간도 지났습니다. 다음 주부터 새로이 시작되는 불교집회가 벌써부터 가슴을 떨리게 만드는 것 같아 심장의 박동수가 빨라짐이 느껴 옵니다.

이 모두 부처님 법을 수행하는 수행자의 마음이 아닌가 생각을 하며 오늘의 글은 이만 줄이겠습니다. 항상 좋은 글을 보내주셔서 환절기 건강에 유념하시기 바랍니다.

안녕히 계십시오.

摩訶般若波羅蜜多心經 觀自在菩薩 行深般若波羅蜜多時 照見五蘊皆空 度一切苦厄 舍利子 色不異空 空不異色 色即是空 空即是色 受想行識 亦復如是 舍利子 是諸法空相

舍心行識亦復如是舍利子是
聲香味觸法無眼界乃至
無意識界無無明亦無無明盡
明亦無無明盡
乃至無老死亦
無老死盡無苦集滅
道無智亦無得以無所得故
菩提薩埵依般若波羅蜜多故
無罣礙無罣礙故無有恐怖遠離顛
倒夢想究竟涅槃三世諸佛依
般若波羅蜜多故得
阿耨多羅三藐三菩
提故知般若波羅蜜
多是大神咒是大明咒是無
上咒是無等等咒能除一切苦真實不
虛故說般若波羅蜜多咒即說咒曰揭諦
揭諦波羅揭諦波羅僧揭諦菩提薩婆訶
佛紀二千五百六十年清陽金載國布施

그 교가 따라올 수 있겠습니까? 경전해석과 예(例)를 들어 설명해 주시는 큰스님의 말씀에 귀를 집중하여 말씀 한 마디도 놓치지 않으려고 큰스님의 말씀을 들었습니다. 큰스님과 접었을 모든 심정을 다 차마 저는 살아오면서 큰스님과 접었을 잊지 못할 것입니다. 많은 사람을 나의 곁에 큰스님들의 접었도 적지 않게 들었습니다만 이처럼 제가 유지(維持) 하였음을 말씀올립니다. 사주거리도 마 2018년 1~2월은 放學이기에 스님의 접었을 듣는 것을 앉고 있습니다. 3월 들어서야 큰스님을 뵐 수 다시 뵙고, 접었는게 얼 수 있기에 매우 기다려 졌습니다. 부탁드리고 싶은 것은 큰스님께서 발행자시는 "JISIM(志心)" 책자를 기을 얻어왔습니다. 나는 法友를 통해서 게셨었고, 보써 주시기를 부탁올리는 것입니다

스물아홉 번째 편지

존경하는 도각사 이각큰스님께 올립니다.

불법승 삼보에 귀의하옵니다. 이각큰스님! 처음으로 인사 올립니다. 안녕하세요. 건강하시며 평안하신지 삼가 여쭙습니다. 영하의 날씨가 이어지고 있는데, 큰스님을 비롯하여 도각사에서 수행정진 중이신 사부대중 모든 분께서 부처님의 자비와 은혜에 힘입으시어 더욱 건강하시고, 날마다 기쁨과 행복이 넘치시기를 진심으로 기원드립니다. 저는 이곳에서 생활한 지가 2년이 넘었습니다. 종교는 불교이기에 불교 집회에 참석하고 있었으며 이각큰스님의 법문을 여러 번 들은 적이 있습니다. 큰스님께서 『금강경』을 해석해주시고, 쉽게 설명해주시는 법문을 들으면서 많은 감명을 받았습니다.

체계적이고 세밀하며, 자세하고 논리정연하시며, 이론과 실제가 과학적으로 일치된 스님의 법문을 그 누가 따라올 수 있겠습니까? 경전해석과 예를 들며 설명해주시는 큰스님의 말씀에 귀를 집중하며 한마디도 놓치지 않으려고 모든 마음을 다하여 스님의 법문을 들었습니다. 큰스님과 법문을 잊지 못할 것입니다!

저는 살아오면서 많은 사찰을 다녀보았으며, 큰스님들의 법문도 적지 않게 들었습니다만, 미천한 제가 무지로 말미암아 현행법을 어기게 되었고, 사후처리도 미숙하였음을 말씀 올립니다. 2018년 1~2월은 방학이기에 스님의 법문을 들을 수 없음을 알고 있습니다. 3월 들어서야 큰스님을 뵐 수 있고 법문도 들을 수 있게 되기에 매우 기다려집니다. 다시 뵙고, 가르침을 받을 수 있기를 고대합니다.

또한 부탁드리고 싶은 것은 이각큰스님께서 발행하시는 계간『지심』책자를 보내주시기를 원하옵니다. 다른 법우를 통해서 책자를 보게 되었고, 보내주시기를 부탁 올리는 것입니다.

끝으로, 영하의 추운 날씨에 건강관리 철저히 하시어 무지몽매한 저에게 진리의 부처님 법문을 들려주시길 진심으로 기원합니다. 훌륭하신 큰스님을 뵙게 되고, 법문을 듣게 되어 진심으로 감사한 마음을 전합니다.

옥체만안 하시옵소서.

서른 번째 편지

이각큰스님께

먼저 이렇게 편지를 보낼 수 있어서 감사합니다. 늘 건강하시고 행복하시면 좋겠습니다. 2018년 10월 18일 법회에서 『금강경』 무위복승분 법문을 듣고 정말 기뻤습니다.

저는 생각이란 말에 대해서 단 한 번도 생각해본 적이 없었습니다. 듣는 순간 눈이 확 뜨였습니다. '아~맞다!' 나는 왜 단 한 번도 사유해보지 못했을까. 항하에 있는 모래 수만큼 많은 생각을 한다면 사람은 생각을 먹고 산다고 봅니다. 그런 생각을 자기 마음대로 편집하고 자기 마음대로 구슬처럼 꿰어서 현실성을 부여하여 사용하는가 싶습니다. 그러면서도 우리는 바른 생각을 주문하고 바른 생활을 주문하니 이것은 흐르는 물에 물결을 없애는 것이요, 바다의 파도를 없애는 것이 아닐까요. 찰나찰나 일어나고 사라지는 수많은 생각은 변동성이 분명한데 나는 고정성으로 알고 살아왔으니 현실은 수많은 부작용을 낳고 고집과 고충과 고독이 따른다고 봅니다. 그래서 때때로 일어나는 생각은 막을 수 없으니 일어나면 일어나는 대로 사라지면 사라지는 대로 그냥 둡니다. 또한 아련한 기억이 밀려오면 더는 새끼를 치지 않고 쓴웃음으로 보냅니다. 물론 뜻도 의미도 모르면서 지친 삶을 잊으려는 방편으로 지껄이는 것은 아닌지 의문시되기도 하고요. 어찌 되었든 생각은 파도와 같고 코로 숨 쉬는 호흡과 같다고 봅니다. 그러므로 실체도 없는 생각에 사로잡혀 살아가는 사람은 면할까 합니다.

그렇지만 분명한 것은 실체도 없이 시시때때로 일어나는 생각을 부여잡고 시비의 잣대로 살았으니 어찌 한심하지 않겠습니까. 이제는 그런 일은 없을 거예요. 큰스님, 앞으로도 많은 가르침을 부탁드립니다.

여기에 있는 모두가 어리석음의 극치를 달리고 있습니다. 아주 조금이라도 자신을 알 수 있다면 살아가는 데 많은 도움이 되지 않을까 합니다. 정말정말 감사합니다.

항상 건강하시고 행복하십시오.

월가스님께 올립니다.

저 크고 둥근 보름달처럼 풍성하고 밝은 날들이 도각사 스님들과 사회봉사단 지심회 불자님들께 가득하기를 기원하며 스님께 서신 올립니다. 제대로 스님께 인사도 드리지 못하고 많은 것들이 마음에 걸려 죄송한 마음 금치 못하겠습니다. 널리 양해해 주시길 바랍니다. 긴 추석 연휴를 보내다 보니 도각사 스님들의 모습이 그리워 이렇게 펜을 들어봅니다. 제가 스님께 많은 것을 배우고 또한 큰 정을 느끼고 있습니다. 부족한 저이지만 도각사 스님들은 저의 마음 속 깊이 자리하고 있습니다. 지금 이곳에서 제가 할 수 있는 일들이 너무나 제한적인지라 제대로 하지 못하고 있지만 조금 훗날엔 미약

한 도움이라도 드릴 수 있는 날이 오겠지요.

이곳에 있는 동안만이라도 마음을 살짝 바꾸면 훌륭한 수행의 장이 될 수 있음에도 못난 행동들로 서로를 해치며 사는 모습에 가끔은 회의를 느끼며 속상할 때도 많습니다. 무엇이 소중한지 무엇이 우선인지 생각도 못하고 오로지 자신들의 편의만을 중시하여 주변을 힘들게 하는 사람들을 보며 저 또한 이 사람들과 다른 게 있을까? 하고 뒤돌아보는 계기도 되고 안타까운 생각도 듭니다.

우리 자신의 욕심이 우리를 힘들게 하고 그로 인해 주변을 어둡게 하고, 그걸 알면서도 나는 아니라고 하고… 모순투성이 속에서 진심을 보기란 참으로 어려운 일입니다. 그럴 때마다 나보다는 남을 더 배려하며 살고자 하는데도 쉽지가 않네요.

한 달에 한 번 스님을 뵈옵지만, 스님들 오시는 날이 기다려지고 가슴이 떨리기도 합니다. 살가운 인사로 맞아드릴 수는 없어도 제가 많이 존경하고 좋아함을 알아주십시오. 출가하신 분들이지만 우리 민족 최대의 명절인 추석을 맞아 조금 더 행복하시고 즐거우셨으면 합니다. 10월 법회 때 뵙겠습니다.

월가스님! 사랑합니다.

슬기에 계기 하오며
스님께 절 하옵니다.

슬기에 무게만을 위성인 여름도 죽은가 하면서
자신의 다음 목적지를 찾아가려고 이 대지에
그 위게인 태양빛을 모두 비버놓고 가려고 욕심을
내는 것 같습니다.

그렇게 자신이 인간 대음을 헌신히 위하 있는
계절은 그 다음 계절에게 자신에 자리를 양보
하겠지요.
태양의 곱나할 낙원에 뒤늦은 충성에게 익었고
대지에는 가을꽃들이 만발할때 대는 여름에게
감사함을 전해야 할것근네요.

한 계절도 그렇게 자신에 끝자를 남기려 하는데
그것 아직도 저 자신의 끝자를 부정하면서
헤어이고 있습니다.
          저녁녘에 니는 저러는 끝자를 사랑하자
          더치면니 행동은 그런대로 행하고 있습니다

서른두 번째 편지

삼보에 귀의하오며 스님께 절하옵니다.

삶의 무게만큼 무덥던 여름도 숨 고르기를 하면서 자신의 다음 목
적지를 찾기 위해 이 대지에 그 무거운 태양 빛을 모두 내려놓고 가
려고 몸부림치는 것 같습니다. 그렇게 자신이 오고 떠남을 분명히
알고 있는 계절은 그 다음 계절에 자신의 자리를 양보하겠지요. 태
양의 감사함 덕분에 곡식은 풍성하게 익었고 대지에 가을꽃들이 만
발할 때엔 떠난 여름에 감사함을 전해야 할 것 같네요.
한 계절도 그렇게 자신의 존재를 남기려 하는데 저는 아직도 제 자
신의 존재를 부정하면서 허덕이고 있습니다. 머릿속에서는 저라는

존재를 사랑하자 외치면서 행동은 그 반대로 하고 있습니다.

스님, 어제와 같은 오늘은 분명히 없다는 걸 스님께서 가르쳐 주셨고, 머릿속에는 그것이 자리했으나 행동은 그러지 못하니 참으로 한심스럽고 안타깝네요. 또한, 연기 속에서 사라져버린 과거만을 자꾸만 집착하고 끊임없는 후회만을 반복하고 있습니다. 그렇게 돌아보니 과거에는 아무것도 없지만 왜 집착하고 아쉬워하는 걸까요. 그러다 보니 오늘의 소중함도 잊어버리고 희망 또한 저에게는 별 의미가 없어지는 것 같습니다.

...

내가 실제로 존재하고 사람이 실제로 존재한다고 생각했기에 악착같이 살려고 노력했지만 단지 나와 세상의 실체를 아는 것만으로도 죽음의 두려움에서 벗어날 수 있으니 이 세상에서 가장 먼저 배워야 할 것은 사는 방법이 아니라 삶의 실체였다. 이렇게 삶의 실체를 아는 것만이 모든 갈등에서 벗어나는 지름길이라 할 수 있을 것이다. 아니 모든 갈등에서 이미 벗어나 있었음을 깨닫는 길일 것이다.

- 화현스님의 말씀 중에서

...

화현스님의 말씀처럼 그 삶의 실체 속에 저를 담아둘 수 있을지 모르겠습니다. 스님, 나눔 속에서 깨우쳐가는 부처님의 진리는 어머님 뱃속 태아처럼 순수하게 다가옵니다. 스님들의 소중한 법문하나 하나 그 마음에 깊은 의미를 저에게 담아두며 오늘도 살렵니다. 한가위가 다가옵니다. 유배되어 두 번째로 창살 사이의 보름달을 보겠네요. 풍성함 가득 담은 한가위 보름달이 도각사 스님 모두에게 비추어 주시길 기원합니다.

항상 고맙고 감사합니다.
건강하세요 스님.

서른세 번째 편지

큰스님을 비롯하여 대중스님 모두 평안하신지요.

딱 3년 전 10월의 셋째 수요일에 스님을 처음 뵈었는데 어느덧 이
만큼 시간이 지나왔습니다. 이곳 청송의 주왕산 골짜기의 도량에
서 큰스님을 비롯 제자 스님들께 부처님의 법을 전해 들으며 처음
에는 조금 의아해하며 이해도 많이 부족하여 어려움도 많았으나 서
당 개 3년이면 풍월을 읊는다고 하였듯이 이 제자도 이제야 '무명無
明'이란 밝음이 없다는 뜻이고 '양과 음'이 합해진 것, 즉 견정見精과
식정識精이 합해진 것이며 이것이 곧 '정신'이라 하셨던 큰스님의
법문에 이제야 서서히 편력이 되는 듯합니다.

그리고 상想의 근본根本인 깨달음에 본래 갖추어진 세 가지가 어울려 드러나는 것이 '현실' 즉 '지금'인 것이라는 법문도 이제야 새록새록 머릿속에 정리가 되어 제 것이 되는 듯합니다. 똑같은 하늘 아래서 사랑하는 가족들과 서로 다른 삶을 살아가고는 있으나 지금의 이 시간… 큰스님을 비롯하여 대중스님들이 계시지 않으셨다면 저는 너무나 초라한 현실 속에서 어두운 곳을 헤매며 자신의 근본도 잊은 채 살았을 것입니다. 그러나 이젠 큰스님의 가르침으로 모든 것을 생각함으로 인하여 생각의 그림자인 기억이 쌓이고 그 기억이 쌓인 만큼 세월을 느끼고 그것을 바탕으로 미래를 추측하기도 하기에 생각이란 것의 능력은 실로 대단하다고 느끼기까지 합니다.

스님, 이제는 날씨 또한 제법 서늘합니다. 그러나 우리에게는 아무리 추워도 '추위를 느끼는 그 감각에는 추위가 없다'라는 것을, 그래서 다치거나 죽을 수 없음에 감동하는 그날이 되기 위하여 오늘도 이 청송 주왕산 골짜기의 도량에서 스님들의 모습을 떠올리며 긴 연휴에 지루하기보다는 오히려 지금의 이 시간을 소중하고 행복하게 바라보는 그런 마음으로 살아가게 됩니다. 이 모두가 스님들의 가르침이 있었기에 가능하였다는 생각을 하며 '정신'의 위대함을 다시 한번 느껴봅니다. 아무쪼록 일교차 심한 요즘에 큰스님을 비롯한 모든 제자 스님들 모두 건강하세요!

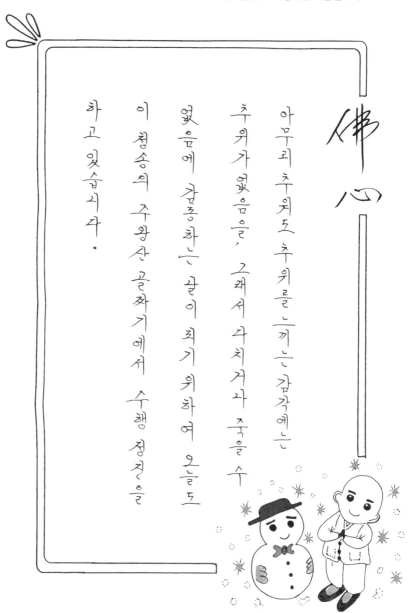

佛心

아무리 추위도 추위를 느끼는 감각에는
추위가 없음을, 그래서 사치거나 죽을 수
없음에 감동하는 삶이 죄기 위하여 오늘도
이 청송의 주왕산 골짜기에서 수행 정진을
하고 있읍시다.

큰스님께.

10여 년의 세월이 지나고 이제 천지가 새 생명이 움트는 봄기운으로 충만해지고 있는 이때 스님께 소식을 전할 수 있어서 무척이나 기분이 좋고, 감사합니다. 그동안 힘든 시절 부처님 말씀에 눈을 뜨고 참회하면서 혼자 나름대로 열심히 공부하고 수행을 한다고 노력했지만, 항상 답답한 가슴이 뚫리지 않았는데 스님께서 해주시는 시원한 법문을 들으면서 행복을 느낄 수 있었지요.

그리고 큰스님의 법문을 들으며 건강도 완전히 되찾았고, 조금 늦은 감은 있지만 2급을 받아서 경주교도소로 오게 됐습니다. 정이 들었다면 정든 청송을 떠나 경주에 오던 첫날밤, 명상하고 큰스님을 생각하며 감사 기도를 했습니다. 이제 20개월 정도 남은 감옥 인연에 가석방의 기회가 있으면 8개월 후에는 끝이 날 것 같으니 그때는 곧바로 찾아뵙고 인사드리겠습니다.

늦게나마 부처님을 알고 큰스님을 알게 된 인연이 저에게는 엄청나게 큰 사건으로 제 마음속에 자리 잡았습니다. 남은 시간을 의미가 있는 곳에 쓰는 그런 삶이 되도록 노력하리라 다짐하고 있습니다. 내 마음을 다스리는 공부를 게을리하지 않고 큰스님의 뜻을 계속 보고 듣고 그렇게 공부를 하고 싶습니다. 그리고 실천하는 삶을 꼭 살아보고 싶습니다.

큰스님. 환절기에 건강 조심하시기 바랍니다. 그리고 월가스님께도 감사 말씀을 꼭 전해주십시오. 모든 스님들 건강을 기원하면서 이만 난필을 줄입니다. 안녕히 계십시오.

작년의 세월이 지나고 이제 천지가 새 생명이 움트는
기운으로 충만해 지고 있는 이때에 스님께 소식을
받을 수 있어서 유쾌하고 기쁜이 크고 감사 합니다
좋은 일도 있는 시절 부처님 품속에 눈물 짓는 참회 하면서
혼자 마음데로 열심히 용맹 를 하는 수행을 한다고 소리
쳤지만 청성 하늘 깊은 가슴이 들리지 못했는데 스님께서
해 주시는 자비로운 법문을 들으면 느낄수 있었지요
그간 은 스님의 법문을 들어서 건강도 보살펴 좋았
소속 높은값은 었지만 그긋을 받아서 경주에 오게 됐지요
성이 들었다면 은 정성을 다나 경주에 오던 챙길땜
평심을 하는 스님을 생각리며 감사기도를 했읍니다

서른다섯 번째 편지

이각큰스님께

2017년 한 해가 저물어갑니다. 그동안 수고 많으셨습니다. 저야 무지하여 다 헤아릴 수 없지만, 무척이나 힘들고 수고하심을 대략 알 것 같습니다. 먼 길을 오셔서 법문을 설해 본들 알아듣는 건지 모르는 건지 알 수 없고, 잿밥에만 관심 가진 자들이라고 한탄하시진 않으셨는지요. 혹자는 민중을 소, 돼지에 비유하기도 하잖아요. 한 해 동안 수고하셨습니다. 다가오는 한 해에도 더욱 건강하시고 행복하십시오. 불경해석도량이라는 성과 도각사라는 이름이 참 좋습니다.

사실 저는 불교에 대해서는 무지합니다. 절하면 생각나는 것이 불상과 향 내음, 그리고 머리를 깎은 스님만 생각나지요. 그런데 여기서 큰스님의 『금강경』 법문 듣고 나를 알고 어떻게 살아야 하는지를 깨달아 늦게 삶의 의미를 찾았습니다. 삶을 무의미하게 보내는 것보다 더 무서운 것은 없겠지요.

이 혹독한 추위에 찬물에 세수를 하고 설거지하며 빨래를 하면서 좁은 방에 여럿이 생활을 한다는 것이 절대 쉽지 않은 삶입니다. 사람은 각자 생각이 다르고 각자 취향이 다른 탓에 의견대립이 많이 생기지요.

제가 서적에서 잠깐 읽었는데 스님들은 무문관이라는 곳에서 일정 기간 수행정진 한다고 하지요. 그와 비교하면 될 것 같습니다. 그런데 불교의 법문이 이렇게 깊고 오묘한 말씀인지 몰랐네요. 범부들은 법문을 배우지 못하여 세상적 지식으로 살아가지요. 세상적 지식은 옳고 그름과 내 것과 네 것의 분별이 명확하여 사람의 생각으로 항상 이쪽과 저쪽을 구분 짓는 것이 학문의 성과라고 배웠지요. 그런데 불교에서는 현실적으로 옳고 그름과 내 것과 네 것의 구별이 없고 인과因緣의 법칙에 따라 나에게 잠깐 머물다 가는 연緣으로 보니 정말 신묘 불측합니다. 큰스님 정말 존경합니다.

저는 여기 가만히 앉아서 한 달에 네 번 스님들의 법문을 듣습니다. 그중에는 큰스님같이 정통 정확한 법문의 달인도 계시지만 그냥 왔다가 수용자 100명을 앉혀 놓고 40분 동안 허튼소리만 하다가 가시는 분도 계십니다. 그러려니 하지만 한때는 한심함과 안타까움마저 들었습니다. 이것도 깨달음의 한 방편으로 보면 얻을 것이 많겠지만 잠깐을 들어도 단 한 번을 들어도 부처님의 법문을 정확하게 듣고 정수리에서 전신으로 스파크가 쫙- 온다면 일대 자기 혁신을 가져올 수 있지 않겠습니까.

저 혼자 중얼중얼 괜히 드리는 하소연입니다.

미천한 제가 이렇게 높고 고명하신 큰스님께 편지를 드리게 되어 영광입니다. 그리고 한 가지 덧붙인다면 지난주에 제가 수계를 받았습니다. 향불로 팔에 침을 맞았는데 마음이 묘했습니다. 법명도 뜻을 몰라 좀 어색하긴 합니다.

저는 큰스님을 뵙는 기쁨으로 하루하루 살아갑니다.
항상 뵐 수 있으면 좋겠습니다.
큰스님 건강하십시오.
그리고 행복하십시오.

서른여섯 번째 편지

삼보에 귀의하옵고

본격적인 여름의 계절이 시작되는 요즘입니다.

세상과 동떨어져 다른 삶을 사는 제가 이 좁은 담 안의 생활에서도
하루가 모자랄 정도로 분주하게 지내다 보니 시간이 어떻게 흐르는
지도 모를 정도입니다. 더군다나 요즘엔 이곳에서 불교회장 소임
을 맡게 되며 더욱더 바쁜 시간을 보내게 되는 듯합니다. 늘 똑같은
마음으로 하는 것인데도 위치가 바뀌다 보니 마음은 조금 무거워지
게 되더군요. 그러나 어디에서 어느 위치에 있든 제 자신의 마음만
흔들리지 않게 생활을 한다면 이 또한 곧 삶 속에 스며들겠지요.

이제는 교리시간이 되어도 예전처럼 스님들과 많은 시간을 함께할 수가 없을 듯하여 서운한 마음은 들지만, 이 또한 곧 지나갈 거라 믿습니다. 그러나 서로의 모습을 마주하지 않는다고 하여 마음 또한 사라지지는 않습니다. 그럴수록 더욱더 스님을 그리워하며 이렇게 글로써 자주 찾아뵙도록 하겠습니다. 그리고 늘 함께하여주시는 사회봉사단 지심회의 회장님을 비롯하여 회원님들께도 마음의 안부를 전해주시면 감사하겠습니다. 생면부지인 저희에게 단지 부처님의 법을 따른다는 인연으로 인하여 늘 물심양면으로 거두어 주시는데도 감사하다는 인사도 제대로 하지 못하여 항상 미안한 마음이 들었거든요. 그리고 출판 때문에 많은 심혈을 기울이시는 화현스님도 바쁘신 와중에 함께 오셨기에 더욱 반갑고, 감사했습니다. 스님들의 정성을 생각해서라도 계간 『지심』에 실리는 글자 하나하나를 토씨도 빠트리지 않고 읽고 있으니 그 부분은 걱정하지 않아도 될 것입니다. 이번에 보내주신 계간 『지심』 150여 권은 다음 집회 때 모든 불자님께 꼭 전하여 큰스님을 비롯하여 도각사 대중스님 모든 분의 심혈이 깃들어 있음을 알려드릴 것입니다.

보만스님, 큰스님의 법문을 들으며 스님과의 인연도 어느덧 5년째 접어들게 되었습니다. 세월의 무상함이야 덧없이 흘러가는 것이지만 그 덧없는 시간 속에서도 제 자신은 정신의 위대함을 알게 되었다는 사실에 늘 뿌듯한 마음입니다. 이 모두가 위대하신 큰스님의 노고가 아니겠습니까. 오늘도 이 지면을 통하여 큰스님께 무지하였던 한 인간을 구제하여 주셨다는 감사의 말씀을 전하며 두서없는 저의 글은 이만 줄이겠습니다.

늘 강건하시옵고 다음에 뵙는 날까지 안녕히 계십시오.

지심원 원장님께 !!!
안녕하십니까?
지심원를 이끌고 봉사에 전념 하시느라
노고가 많으십니다.
저는 13년 형중 9년째 살면서 계속
방황하다가 우연찮게 (죄고에서는 우연이
아니고 필연이라고 합니다) 지나간 "지심"
지를 접하게 되었습니다.
어찌 글들이 울림을 주는지, 건조했던
마음이 조금씩 촉촉해지는 감정을 느끼고
있습니다.
"♡ 어감사심" 말씀을 드리려 합니다.
부족한 저에게 "지심" 지를 접할수 있는
기회를 주시여 지금보다 더 나은 나를
만들어 가는데 큰 도움이 될것을 믿습니다.

서른일곱 번째 편지

사회봉사단 지심회 회장님께! 안녕하십니까?

지심회를 이끌고 봉사에 전념하시느라 노고가 많으십니다.

저는 13년 형 중 9년째 살면서 계속 방황하다가 우연히(불교에서는 우연이 아니고 필연이라고 합니다) 지나간 계간 『지심』을 접하게 되었습니다. 어찌 글들이 이리도 울림을 주는지, 건조했던 마음이 조금씩 촉촉해지는 감정을 느끼고 있습니다. 부족한 저에게 『지심』 잡지를 접할 기회를 주시면 지금보다 더 나은 나를 만들어 가는 데 큰 도움이 될 것이라 믿습니다.

아울러 이각큰스님의 법문도 몇 년째 접하고 있습니다. 처음에는 무슨 뜻인지 이해가 가지 않았지만, 『금강경』 책을 나눠주신 이후 많은 부분을 알아가면서 깨우치고 있습니다. 항상 이각큰스님 법문은 초등학교 소풍 가기 전날처럼, 마냥 기다려져 기쁩니다.

아울러 지심회를 이끌어 나가시는 회장님 이하 회원님들의 노고에 머리 숙여 깊이 감사한 마음 전합니다. 저도 이런 것을 본받아 좋은 인연들을 만들어나가겠습니다. 두서없는 글을 읽어주셔서 감사드립니다. 지심회 모든 분의 건승을 기원합니다.

서른여덟 번째 편지

늘 귀한 가르침으로 새로운 삶을 열 수 있게 해주시는 감사한 스승
님께 안부 인사를 드립니다.

큰스님 무탈하신지요.

향수스님 건강하신지요.

보만스님 안녕하신지요.

월가스님 아픈 곳은 없으신지요.

성아스님 춥지는 않으신지요.

화현스님 고생이 많으십니다.

불자님들 겨울에도 뜨거운 마음으로 도각사를 대표하여 봉사해주
셔서 감사드립니다.

또 한 번의 겨울이 찾아왔습니다. 이곳의 겨울은 함께 하는 이들과 정을 더 많이 나눌 수 있는 계절이 아닌가 합니다. 추워 보이는 이에게 내복 한 벌을 내어줄 수도 있고, 두꺼운 웃옷 하나 내어줄 수도 있고, 옆에 있는 동료의 온기가 고맙게까지 느껴지기도 하니까요. 이곳 포항은 건물에 온기가 후하게 가동이 안 됩니다. 우리 스님들께도 자리하신 곳곳마다 온기가 넉넉해야 할 텐데 걱정입니다. 굳건한 몸 상태가 유지되셔야 이곳저곳 다니시면서 많은 중생을 깨달음의 길에 들게 하시고 눈을 뜨게 해주실 테니까요.

저는 도각사 스님들을 뵙고, 가르침을 들은 뒤로 그동안의 저의 삶이 하찮았다는 생각을 많이 하게 되었습니다. 지금도 그렇고요. 보지 않아도 만나지 않아도 느낄 수 있고 생각할 수 있는 것은 살면서 처음 가져봅니다. 계간 『지심』을 읽고 사진을 보고 있으면 스승님들께서 곁에서 설하시는 것 같고, 잘하고 있다고 쓰다듬어주시는 것처럼도 느껴지고요. 저의 동료들은 계간 『지심』을 보고 제가 고개를 끄덕이고 웃고 있으면 뭐가 그렇게 재밌냐면서 보여달라고, 자기도 읽겠다고 나섭니다. 완전히 달라졌습니다. 마음도, 생각도 차고 넘칠 만큼 부자가 되었습니다. 금전이 아니라 마음이요.

어려서부터 끝이 없는 금전의 욕구를 채우려다 결국 이렇게 되었지만, 정말 잘된 일입니다. 스승님들도 만나고 저의 생각이 온전해진

거 같아서요. 스님들께 제가 스승님이라고 감히 불러도 괜찮냐고 묻지도 않고 그냥 막~ 스승님이라 이야기하고 있습니다. 불편하셔도 그냥 들어주십시오. 제 인생의 길을 가르쳐주시는 분들이기에 '선생님' 하면 이상하니까 '스승님'이라고 부릅니다. 법도에 어긋나는 것이라면 정정하겠습니다.

저는 11월 25일 대체시험, 12월 2일 기말고사 1차, 12월 9일 기말고사 2차 시험을 보면 2학기가 마무리되고 두어 달 방학을 합니다. 자꾸 비워야 하는 삶을 살아야 한다고, 집착하지 말라고 가르쳐 주신 스승님들의 말씀을 거역하고는 들어가지도 않는 석두를 붙들고 제발 부탁이다. 이 문장들을 받아들여다오. 통 사정을 합니다. 이 멍청한 大家里… 스스로 자책도 하면서 이 귀한 시간을 쓰고 있습니다.

이번 계간『지심』을 받아 보고 저는 전생에 얼마나 큰 공덕을 쌓았기에 훌륭한 가르침을 앉아서 편안히 받을 수 있을까 하며, '나는 참 행복한 사람이구나' 생각합니다. 우리 스승님들의 고행의 연속에서 얻어지는 진리를 사탕 받아먹듯이 두 손 벌리고만 있으면 주시니 감사할 따름입니다.

'훔칠 수 없는 것을 훔치려고 했던 어리석은 마음'
큰스님께서 말씀하신 이 진리를 왜 살면서 몰랐을까요. 가슴이 먹

먹해짐을 느꼈습니다. 내 눈앞의 허상들을 실제인 줄 믿고, 그것을 내 것으로 만들려고 타인을 짓밟고, 누르고, 수단과 방법을 가리지 않으면서 내 것인 줄 착각하고 살다가 모든 것이 멸하는 것을 이제야 알게 되었습니다.

"용맹스러운 수행의 힘은 결국 그의 악행을 능가하여 그 죄악을 말끔히 씻어낼 것이다."

멋진 경구입니다. 스승님들의 한마디 한 말씀이 이곳의 중생에게 갱생更生 그 자체입니다. 저의 처지가 어떠하든 제가 이곳에서 주인공이라고 생각하면서 큰스님께서 말씀하셨듯 '연극을 하면서' 즐기다가 건강한 모습으로 스승님들 찾아뵙겠습니다. 청송에서 실패했던 음식의 집착에서 벗어나려 수행 중에 있습니다. 아마 스님들은 저를 다시 보시면 깜짝 놀라실 수도 있으니 제가 출소하기 전에 미리 기별을 드리겠습니다. 청심환 한 알씩 챙겨서 드시고 계시기를 당부드립니다.

스승님들의 겨울이 길지 않기를 염원하며…

* 본 수묵화 부채는 교도소 내 불자님께서 기증하신 작품입니다.

수용생활이 수용생활로 바뀌는 계기가

되어 저에게도 엄청난 생의 이 없습니다.

지금도 진심으로 바라 변천을 두고

안 썼기 앉서도 옷래도 거의 내 무분 내용이

이래가 되도 마음이 점점 차분해지도

천용장을 잊지않고 보살 없이 바쁘름 보내고

있습니다. 진심으로 이주의 화제께 이 불 받받감

들께 느낌께 감사를 드립니다.

이제 제 화5원이 내던 1월 8일이나

12월 진심 데 보받게 천운에서 마지막이

됐것 같습니다.

서른아홉 번째 편지

안녕하세요.

이각큰스님.

제가 처음 스님을 뵌 것은 작년 9월경이었습니다. 불교 집회에서 큰스님을 바라보며 법문을 들은 날, 그날은 정말 저에게 충격적인 날이었습니다. 저는 청송에 오기 전 절에서 월급 받는 처사 생활도 하고 수년간 불교에 심취해 생활해 왔습니다. 기도도 열심히 하고 염불도 곧 잘하여 은사 스님께 칭찬을 들은 적도 몇 번 있었던 것 같습니다. 불교 서적도 많이 접하고 나름대로 불교에 대해 믿고 기도만 열심히 하다 보면 불보살님의 가피를 얻어 저절로 깨우쳐지고, 극락정토에 가게 되는 줄 굳게 믿었습니다.

그러던 중 10년 전 우연히 오쇼 라즈니쉬 강의 법구경을 읽었을 때 충격을 받았는데, 큰스님의 법회를 들으며 그와 거의 흡사한 경험을 하게 되었습니다.

수형생활 중 마음의 안정을 찾지 못하고 힘겨운 시간을 보냈는데, 큰스님과 파장이 잘 맞는 것인지 큰스님의 말씀이 간절히 닿은 것인지, 친견 이후 마음의 평온함과 안락함을 느껴 수형 생활이 수행 생활로 바뀌는 계기가 되어 저에게는 엄청난 행운이었습니다.

지금도 집회 때마다 법문을 듣고 완전히 이해하지는 못하지만, 거의 대부분 내용을 소화하고 마음이 점점 차분해지는 평온함을 잊지 않고 보람 있는 나날을 보내고 있습니다.

진심으로 우주의 존재계 불보살님들께 감사를 드립니다.

이제 제 출소일이 내년 1월 8일이니 12월 집회 때 뵙는 게 청송에서 마지막이 될 것 같습니다.

앞으로도 스님과 인연이 계속 이어지기를 간절히 바라봅니다.

원래 졸필이어서 죄송하고 악필 끝까지 읽어주신 데 대해 감사를 드립니다. 합장.

보만스님께 올립니다.

조석의 쌀쌀함에 조만간 물들어질 단풍 생각도, 좋은 경치도 아닌,

'올해도 이제 얼마 남지 않았구나' 하는 생각이 먼저 듭니다.

하루하루가 길게 느껴져 잘 가지 않을 것 같던 세월도 어느 순간 금

방 지나가 버리고 말았습니다. 지금 이 순간도 이렇게 계속 지나가

고 나 또한 무엇 하나도 그대로 있음이 없으니 인생무상, 세월의 무

상함을 느끼긴 하지만 이 법칙을 당연하게 느끼고 수용할 수 있는

마음이 더 중요하다고 생각됩니다.

며칠 전 스님께서 교리 시간에 하신 말씀이 생각나는군요. 불교가,

불교의 법칙이 상식이 되는 세상이 되었으면… 하고 말씀하셨습니

다. 그때 그 말씀을 듣고 저 또한 그런 세상이 온다면 정말 좋겠다고 생각했습니다. 스님을 뵌 지도 5년 가까운 시간이 지났네요. 저는 이따금 그런 생각을 해봅니다. 큰스님을 포함한 여러 스님 중에서도 보만스님은 오래전부터 알고 지내지 않았나 하는 생각 말입니다. 저는 이래저래 젊은 날에 제대로 삶의 소중함도 모른 채 교만하고 겁 없이 함부로 살았던 세월이 많았습니다. 지금 이런 곳에 있다 보니 참으로 어리석고 안타까운 날들이었구나 하는 마음이 듭니다. 이 세상이 스님들께서 알려주신 세상의 법칙 속에서 굴러가고 있다는 생각이 들 때 큰 놀라움과 이것이 틀림없는 진실이라는 확신도 했습니다. 지난 삶을 조금이라도 보람되게 살았더라면 좋았겠지만 이미 지난 일이니 크게 집착하지 않고 이 법칙에 맞게 현재를 살아가야 하겠지요. 또 저와 같은 생각을 하는 사람들이 늘어날 수 있도록 부족하지만, 주변에 잘 전하도록 하겠습니다.

스님께 서신 제대로 전하지 못한 점 스님의 뜻에 제대로 호응하지 못한 점 너무나 죄송스럽게 생각합니다. 하지만 이 세상 누구보다 스님들 존경하고 사랑합니다.

보만스님! 추석 잘 보내시고 행복하십시오.

마흔한 번째 편지

삼보에 귀의하옵고

긴 여정이 끝나듯이 그토록 무더웠던 올해의 여름이 어느 사이엔가 사라지고 이제 또 다른 계절인 풍요로운 가을이 돌아왔습니다.

늘 그렇듯 저는 큰스님의 가르침에 더욱 열중하면서 열심히 수행 정진을 하고 있습니다. 그러다 보니 제 자신도 변화되는 느낌을 받는 듯합니다.

이 모두가 무지했던 저에게 큰스님과의 인연은 열반경에 나오는 춘다의 이야기처럼 60년 만에 꽃을 피우는 우담바라를 얻음과 같고, 눈이 먼 거북이가 바다를 떠다니는 나무토막의 구멍으로 머리를 내민 것과 같은 기쁨이 있다고 하였듯이 저 또한 세상에서 가장 낮은 곳에서 큰스님과의 인연은 돌아가신 부모님이 다시 살아오신 듯한 그런 기분입니다. 특히 제 자신을 모르고 지내왔던 오십 년이 넘는 세월 속에서 자신의 위대함과 스스로 일깨우는 정신의 위대함, 너무도 놀라운 『금강경』의 설법은 이 세상 그 어디에도 없을 것입니다. 그렇기 때문에 저는 현재의 생활이 힘들다기보다는 오히려 기회라 생각하며 더욱 수행 정진을 열심히 하고 있습니다.

사회에서는 듣고 보는 것이 있기에 마음이 혼탁해질 수도 있으나 이곳의 생활은 사회와는 동떨어진 생활이기에 오히려 공부에 전념할 수 있어서 그것만큼은 정말 행복하다고 생각합니다. 특히 아침마다 경건한 마음으로 예불을 드리면서 참회를 할 때면 온몸에 전율이 흐르는 듯합니다.

뒤늦은 나이에 찾아온 인생의 전환점에 큰스님의 법력이 큰 도움이 되고 있음에 다시 한번 깊은 감사의 말씀을 드립니다. 아무쪼록 환절기에 늘 강녕하시옵고 도각사의 큰스님과 대중스님들 그리고 언제나 부처님의 미소 같은 사회봉사단 지심회의 회원님들께 깊이 감사하다는 말씀과 함께 두서없는 저의 글은 이만 줄입니다.

p.s. 가을향기와 함께 큰스님의 법문이 벌써 마음을 설레게 합니다.

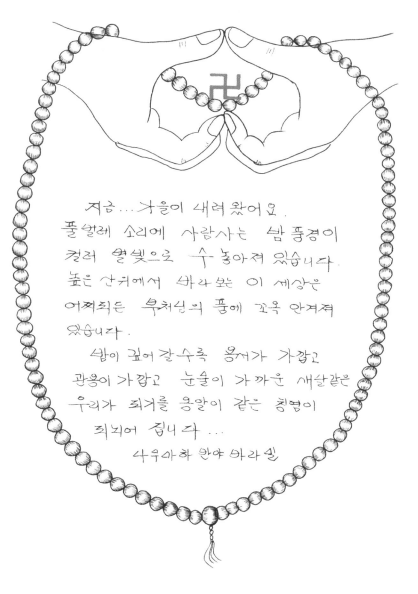

지금…가을이 내려 왔어요.
풀 벌레 소리에 사람사는 밤 풍경이
컬러 별빛으로 수 놓아져 있습니다.
높은 산위에서 바라보는 이 세상은
어쩌면든 부처님의 품에 꼭 안겨져
있습니다.

밤이 깊어 갈수록 용서가 가깝고
관용이 가깝고 눈물이 가까운 새살같은
우리가 되거를 응알이 같은 청명이
되되어 집니다 …
나무마하 반야 바라밀

11월 21일 법회때 말씀하신 "여시" 잘 기억하겠습니다. 법회때 하나씩이라도 알아오는것과 좋은 설법까지도 저에게는 너무 힘이납니다. 비록 죄를 범해 이곳에 있지만 해야될일과 해서는 안되는 일이 엄연히 구분되어 있기에 저라도 염치없는 말씀은 드리지 않겠습니다.

감히 제가 이각 큰스님 이하 주위 모든 스님의 정신은 「큰 부자」라고 생각해 봅니다. 물질적인 것은 소멸이 되지만 정신 즉 기억은 남기때문에 이 죄인의 기억속에는 도각사 이각큰 스님께서는 「훤함」이라 느낍니다. 언제나 감사드립니다.

마흔두 번째 편지

ᆥ

이각큰스님께

이번 법회 때 다른 스님들은 털모자를 쓰고 오셨기에 사회는 엄청 추운가 생각해보았습니다. 그런데 큰스님께선 모자를 안 쓰시고 오셨던데… 추위에 강하신가요? 큰스님! 건강관리 잘하셔서 보다 무탈하게 계시길 희망해 봅니다.

참, 어머니께서 절에 가셔서 등을 다셨다고 합니다. 그 절에서 좀 더 비싼 등을 달면 어떻겠냐는 이야기를 듣고 두 번은 가기 싫은 절이라고 하시네요. 신도들을 마음으로 대하는 게 아니라는 걸 느끼신 모양입니다. 노인들에게 50만원이 얼마나 크겠습니까. 사람을 보는 게 아니라 돈을 보는 부분에 약간의 실망이 들기도 합니다.

앞선 법회에서 말씀하셨죠?
"미안하지만 우리 절은 거지 절입니다."*
제가 그런 말을 들으니 얼굴이 빨개졌습니다. 저는 응원 메시지를 올렸었는데. 각양각색, 오만가지 등의 말이 떠올랐습니다. 이런 사람이 있으면 저런 사람도 있지! 하는 생각이 들었습니다. 그 누가 금전적인 부분으로 큰스님께 글을 올렸는지는 모르겠지만 제가 대신 사과의 말씀을 드리겠습니다. 지금도 제 얼굴이 달아오르는 듯합니다.

> * 금전적인 도움을 요청했던 편지를 받은 후
> 『금강경』 법회 시작 부분에 큰스님께서 하셨던 말씀.

11월 21일 법회 때 말씀하신 '여시如是' 잘 기억하겠습니다. 법회 때 하나씩이라도 알아 오는 것과 좋은 설법까지도 저에게는 정말 큰 힘이 됩니다. 비록 죄를 범해 이곳에 있지만 해야 할 일과 해서는 안 되는 일이 엄연히 구분되어 있기에 저라도 염치없는 말씀은 드리지 않겠습니다.

감히 제가 이각큰스님 이하 주위 모든 스님의 정신은 '큰 부자'라고 생각해 봅니다. 물질적인 것은 소멸하지만 정신, 즉 기억은 남기 때문입니다. 제 기억 속에는 도각사 이각큰스님을 '환함'이라 느낍니다.

언제나 감사드립니다. 갑자기 이 글귀가 떠오릅니다.

'부드러운 말 한마디 미묘한 향이로다'

요양원에 계신 아버지께서 제게 편지를 주실 때 함께 써주시는 글귀입니다.

큰스님! 본격적인 추위가 이제부터인가 봅니다. 함께 하시는 분들 모두 무탈하시고 행복과 행운이 가득하시길 기도드립니다.

건강하십시오.

12월에 뵙겠습니다.

마흔세 번째 편지

이각큰스님께 드립니다.

엊그제 입추가 지났지만, 무더위는 맹위를 떨치고 있습니다.

그동안 잘 계셨는지요. 저는 스님 덕분에 잘 보내고 있습니다.

어쩜 산사엔 더위가 한풀 수그러져 초가을의 바람에 선선할 수 있
겠네요. 그러나 아직은 낮과 밤의 기온 차가 심하다 하오니 건강에
유념하십시오.

이제 방학이 보름 정도 남았습니다. 한 달의 짧은 여름방학이 이렇
게 길게 느껴지기는 처음입니다. 마치 먼 길 떠나는 임을 기다리는
마음입니다. 그러나 마음은 잘 정돈되어 혼란하지는 않습니다. 예
전엔 바삐 사느라 마음의 여유가 없었는데 이젠 그리움도 설렘도

의욕도 차근차근 고개를 내미니 삶이 아름답습니다. 이런 삶은 큰스님의 『금강경』 강의를 듣고 저희 마음 세계가 완전히 바뀐 탓입니다.

'일체는 마음이 만든다' 했나요.

마음의 둔갑술에 빠져 환상 속에 헤매지 않고 초연하게 살고 있습니다. 마치 자동차 바퀴가 축에 제대로 끼워질 때 자신의 정체성을 찾아 자유자재로 움직이듯이 말입니다.

모든 것이 인연 따라 자유롭게 살아가니 삶은 더없이 즐겁지요. 항상 감사합니다. 그 감사함을 표현할 게 없어서 이렇게 편지로 전달합니다. 야속하다고 생각 마십시오. 글 한 자 한 자에 불성을 담았습니다. 그럼 항상 건강하시고 행복하십시오.

이렇게 바라는 거 없이 봉사를 하려 지내다 보니, 점점 제 자신이 문뜩문뜩 깨닫는 것도 많아지고, 사랑이 되어가고, 이각 스님의 법문을 통여 정신이라는 것도 알게되고, 말 이는 실려가 없고 육신에 집착 하지 않고, 마음을 내려 놓으며 보지 못한 것도 보고 느끼지 못하는 것을 느낄수 있도록 열심히 공부하고 있습니다. 저는 사람이라는 것이 많은 괴로움 과 고통속 에 살고 있는게 같습니다. 제가 나이는 어리지만 몸이 좋지않고 질병에 대해 한참을 생각해 보니, 사람이란 것은 좀 아무런 힘이 없다고 생각이 들었습니다. 중생들 이 이 사바세계 에는 의사라는 직업이 있습니다. 이 의사로 중생인 사람입니다. 아무리 뛰어나고 위대하다고 하나, 깨닫지 못한 중생일 뿐입니다. 의사라는 직업이 위대하다고 는 하지만, 사람에게 오는 질병을 막을수는 없습니다. 의사라는 직업도 질병을 이겨 못하고, 사람을 고칠수는 없는 존입니다.

마흔네 번째 편지

도각사 이각큰스님께 드립니다.

지금 날씨는 가만히 있어도 땀이 흐를 정도로 상당히 덥습니다. 이
각큰스님께서도 많이 더우실 거라 생각이 듭니다만 지혜롭게 잘 견
디어 나가실 거라 믿습니다.

저는 사회에 있을 적에 큰 죄를 지어 사람답게 살지 못하다가 구속
이 되어 2년이라는 시간 동안 이곳에 갇혀 지냈습니다.

처음 구속이 되고 나서 몇 개월 동안은 저의 죄를 인정하지 못했습
니다. 하루하루 빠짐없이 면회 오시는 어머니께 짜증도 내고 빨리
나가게 해달라는 투정을 부리기도 하며 사람들과 많이 다투기도 하

며 한동안 지내다가 '석가모니 부처님'이란 글자가 떠올라 구속이 된 지 3개월 만에 어머니께 석가모니 부처님의 책을 넣어달라 말씀을 드려 책을 읽어 보았고, '엄청나게 잘못 살고 있구나' 하고 생각이 들어 어머니와 피해자분들께 사죄하는 편지도 드렸습니다. 그렇게 불교를 공부하며 2년이라는 시간을 보내왔습니다. 지금까지 『법화경』, 『금강경』, 대승 경전 등 여러 경전을 읽어보며 제 나름대로 공부를 많이 했는데 느껴지는 것은 별로 없고, 허무하다는 생각만 자주 들었습니다.

그러다가 문득 들었던 생각이 머리로만 공부를 하지 말고 실천을 해보자 하여 육바라밀을 기준으로 삼아 돈이 없어 못 먹는 사람들을 보면 제가 구매를 하여 드리기도 하고, 다른 사람들에게 필요로 하는 사람이 되려고 노력하며 지내고 있습니다. 이렇게 바라는 게 없이 보시하며 지내다 보니 제 자신이 문득문득 깨닫는 것도 많아지고 사람이 되어가고 있었습니다. 이각큰스님의 법문을 들으며 정신이라는 것도 알게 되고, 소리에는 실체가 없고 육신에 집착하지 않는 법문을 들으며 열심히 공부하고 있습니다.

사람들이 많은 괴로움과 고통 속에 살고 있는 거 같습니다. 제가 나이는 어리지만, 몸이 좋지 않고 질병에 대해 많은 생각을 해보니 사람이란 것은 참 아무런 힘이 없다는 생각도 들었습니다. 이 사바세계에서도 의사라는 직업이 있습니다만 아무리 뛰어나고 위대하다고 하나 깨닫지 못한다면 중생일 뿐입니다. 아무리 위대한 의사라해도 오는 질병을 막을 수는 없습니다. 의사라는 사람도 질병을 이기지 못하고 사람을 고칠 수는 없는 것입니다.

이런 생각이 들었습니다. 감기나 피부병 이런 병들도 의사들은 그 순간 고쳤다고 생각을 하는 것이지 질병은 끝이 없고 실제로는 고쳐지는 게 없다고 말입니다. 이런 생각을 하며 저는 생사윤회의 고뇌를 끊고 질병으로부터 해탈하겠다는 마음이 간절하게 생겼습니다.

이각큰스님께 생신 축하드린다는 편지를 쓰려다가 제 얘기가 길어져 죄송합니다. 제가 청송에 있으면서 언제까지 이각큰스님의 법문을 들을 수 있을지 모르겠지만 법문을 듣는 순간에는 잊지 않고 깊이 새겨 꼭 성불하겠습니다. 청송에 오셔서 좋은 법문 해주심에 항상 감사드립니다.

이만 글을 접겠습니다.

화현스님 ♡

생각은 찰라에 사라져 버리고 남는것은 항상 고요함이다 라는

줄기와 함께

찹쌀떡 공양물을 주셔서 잘먹었읍니다 ㅎㅎ.

화현스님

이곳에서는 내가 아닌 다른사람에 人生 인지을 눈으로 보고, 귀로 듣고, 입으로 말을 해봐도 정말 "소통"아닌 자괴감이 있을 뿐입니다 화현스님 "도각사"는 열약한 환경에도 10명이 넘는 스님들께서 열심히 수행 정진 하신다는 말씀에 정말 감동이었읍니다 이제 무더위가 시작 되었으니 스님들께서도 건강 하시기을 기원드립니다.

7月4日 법회 마치고 바로 즉서없이 글을 드렸읍니다 화현스님 건강 하십시요 2018年. 7月4일 상주에서

화현스님께 드립니다.

안녕하세요. 보현행원의 가사 말처럼 내 이제 두손 모아 청하옵니
다. 이제 수요 불교집회라고 하면 화현스님이 기다려집니다. 언제
나 부처님의 염화미소처럼 웃어주시고, 고우신 얼굴을 뵈니 참 반
가웠어요. 화현스님을 뵙기 전 『불멸』이라는 책을 접했는데요. 내
용은 어려웠지만 마음에 많이 와 닿았습니다.
7월 4일 화현스님의 법문은 정말 감사하고 좋았어요. 오온과 찰나,
그 또한 지나간 무념이라는 내용이요. 회색 담장 안에서 영어의 몸
이 되어 외로움으로 걸어온 그립고 그리운 가족 생각에 이곳에서의

생활이 너무도 답답하여 법당 안이라면 삼보님 전에 두손 모아 한 없이 절하고 통곡이라도 하고 싶었습니다. 하지만 이곳 작은 방에서의 수용생활은 제한된 공간이기에 사경寫經을 시작하였습니다. 내 스스로 내 인생을 인정하자고 생각하고요. 그런데 정혜불경연구원 이각큰스님께서『금강경 사경집』을 출간하신 것을 보고 너무 기뻤습니다. 이제 얼마 남지 않은 기간이기에 곧 출소 후 꼭 이각큰스님의『금강경 사경집』으로 사경을 하겠다는 마음으로 지금 이 순간이 매우 기쁩니다.

그리고 계간『지심』이라는 잡지에서 지심회는 따뜻한 가족이라는 글귀가 가슴을 뭉클하게 하였습니다. 생각은 찰나에 사라져버리고 남는 것은 항상 고요함이라는 글귀와 함께 찹쌀떡 공양물을 주셔서 잘 먹었습니다.

이곳에서는 내가 아닌 다른 사람의 인생인 것 같습니다. 눈으로 보고 귀로 듣고 입으로 말을 해봐도 정말 소통이 아닌 자괴감만 있을 뿐이었습니다. 도각사는 열악한 환경에서도 10명 넘는 스님들께서 열심히 수행정진하신다는 말씀에 정말 감동이었습니다. 이제 무더위가 시작되었으니 스님들께서도 건강하시기를 기원드립니다.

화현스님 건안하십시오.

그 꽃이 예쁘다 하면,
꽃이 좋아요?
내가 좋아요?

삼보에 귀의하오며 스님께 절하옵니다.

온 세상에서 가장 힘든 순간을 혼자만 보내는 순간에도, 이제껏 살아온 삶을 후회하며 너무나도 소중한 지금을 망치고 있는 순간에도 나는 온 세상과 통해 있었습니다. 천지사방을 나로 가득 채우고 나혼자만의 노리개인 색깔과 소리인데, 색깔을 남이라고 생각하고 소리를 남이라고 생각하고 남을 내 밖에 있다고 생각하니 신기하게도 그렇게 그대로 되었습니다. 하지만 그 순간에도 정신이라는 허공으로 온 세계가 통해 있었기에 한 번도 허공의 놀이에서 벗어난 적은 없었던 것입니다.

이 글 속에서 저를 보았습니다. 알면서 모르는 척 피할 수 없는 것을 저는 흐르는 세월이란 이름을 대신해서 피하려 했습니다. 분명 그것도 온 세상과 함께 통하고 있다는 것, 조금은 알 것 같습니다. 제 자신의 모습을 진정 사랑한다면 허공 속 놀이에 이 작은 사람도 동참할 수 있음을 깨달아가려 합니다. 이 작은 손에 담아두고 있던 수만 가지 번뇌의 탑들도 분명히 허공의 놀이와 같은가요. 놓으면 또다시 일어나는 그 부질없는 불씨를 어떻게 날려야 할까요.

아무것도 할 수 없는 이 사람의 현실과 부서지고 빠져버린 치아 때문에 거울 속 모습이 보기 싫어져 자신의 모습조차 기억나지 않는 것 같습니다. 누군가에게 절실히 도움을 청하고 싶지만, 저의 주변에는 이 사람의 절박함을 당장 들어줄 사람이 없음에 더욱 자신의 무능과 현실의 비참함이 아픔으로 다가오네요. 하지만 그 또한 흐르는 세월 속에 묻어가고 없겠지요.

아픔도 절박함도 서글픔도…

『불멸』속에 담겨있는 소중한 말씀 하나하나 신중하게 읽으면서 의미와 깨달음을 배워가고 있습니다. 조금 더 희망을 품어보며 읽어주신 스님과 열네 분의 스님들께 감사드리오며 도각사 스님 모든 분의 건강을 두 손 모아 부처님 전에 기원하옵니다.

마흔일곱 번째 편지

큰스님께 올립니다!

기온차가 심한 날씨에 혹시라도 감기 걸리실까 걱정되는군요. 큰
스님의 건강이 무엇보다도 제게는 중요합니다. 많은 불자님에게도
마찬가지이겠지만요. 저는 큰스님의 배려와 은혜로 인해 잘 지내
고 있습니다.

이곳은 여러 가지의 여건들이 청송보다는 좋고 조금은 여유로움도
느낄 수 있습니다. 조금 나은 환경이라 해서 나태해지지 않도록 하
겠습니다. 또 여러 가지의 편의에 나태해지기보다는 주변 이들과
잘 소통하여 주변을 잘 살피어 힘들어하거나 소외되는 사람이 없도
록 잘 살펴보도록 하겠습니다.

큰스님과 다른 스님들의 모습을 당분간 눈으로 뵙지 못하겠지만 제 마음속에 늘 자리하고 계신 분들인지라 언제나 함께하고 있습니다. 이곳에서도 큰스님의 가르침을 잘 되새기며 주변 사람들에게 올바른 견해로 세상을 바라볼 수 있도록 알리는 데 최선을 다하겠습니다.

큰스님! 이제 며칠 지나면 스승의 날입니다. 큰스님을 뵙고 큰스님을 알게 되고 큰스님의 제자가 되어 큰스님께서 일러주신 불교의 법칙을 알게 되고, 무명에서 헤매다 밝은 견해로써 지금을 살아갈 수 있도록 기회를 주신 큰스님의 은덕에 다시 한번 깊이 감사드립니다. 글재주가 없는 제가 글로써 제 마음을 표현하기가 매우 어렵습니다. 큰스님께서 저의 이러한 마음을 충분히 아시리라 생각합니다.

세상을 밝게 비추시고 올바른 견해로 세상을 바라볼 수 있게 하려고 늘 애쓰시는 큰스님의 제자로서 부끄럽지 않고 당당하게 큰스님께 누가 되지 않게 정진하겠습니다. 늘 건강하시고 도각사에 계신 여러 스님들과 사회봉사단 지심회 회원분들 모두 불보살님의 가피로 늘 행복하시길 기원합니다. 안녕히 계십시오.

마흔여덟 번째 편지

삼보에 귀의하옵고…

그토록 무더웠던 지난 여름이 그리워지는 혹독한 겨울이 성큼 다가
왔습니다.

방등스님 그동안에도 무탈하셨지요? 저 또한 스님들의 염려지덕으
로 하루하루에 최선을 다하며 스님들 만큼은 아니어도 나름 열심히
『불멸』과 불경을 보며 수행 정진에 여념이 없습니다. 그러다 보니
어느덧 『불멸』 또한 오늘로써 50회차를 보게 되었습니다. 물론 공
부를 하는 입장에서 횟수가 중요한 것은 아니겠지요. 한 번을 읽어

도 그 마음과 노력에 따라 다르게 느껴지겠으나 저는 『불멸』과 함께한 5년의 시간이 더없이 기쁘고 늘 읽을 때마다 희열을 느끼고 있습니다.

요즘처럼 부처님의 법안에서도 돈에 미친 사기꾼과 득세에 연연하는 사람들이 많은데 도각사의 스님들은 모두가 선지식을 일깨워주시고 있기에 이 무지한 저에게는 정말 제 2의 인생을 살고 있는 마음입니다.

누구나 그러하듯 속세에서는 돈의 노예가 되어서 가진 자들의 머슴인 줄도 모른 채 행복하다고 착각하며 살아가겠지요. 그렇지 않으면 자신이 너무 초라해지니까요. 저 또한 속세에서는 그런 합리적인 생각의 주인공이었습니다. 그러나 이곳 청송의 주왕산 자락에 와서 큰스님의 법문을 들으며 1년, 2년 그 사이에 정신의 위대함이 그 어떠한 견해에도 흔들리지 않는다는 것을 알게 되었습니다. 그 시간이 어느덧 5년이 되는군요. 그러나 시간이 지나고 세월이 흐를수록 큰스님과 대중스님들에 대한 그리움은 더욱 더 깊어지고 있습니다.

방등스님, 저는 웬만한 추위는 추위라 여기지 않고 있습니다. 그리고 큰스님의 가르침인 정신의 위대함이 있기에 아무리 추워도 추위를 느끼는 감각에는 추위가 없음을 알기에 아무런 불편은 없습니다. 단지 일말의 불편함이라 함은 아마도 자유를 그리며 갈망하는 마음이겠지요. 그러나 이제는 이 또한 곧 지나가리라 여기며 살고 있으니 걱정은 마세요. 아무리 불편함이라 하여도 그 또한 자신의 견해에서 일으키는 삿된 생각일 뿐이니까요. 그리고 요즘 이곳에서도 매달 셋째 주 수요일을 기다리는 불자님들이 점점 늘어나고 있기에 정말 행복합니다. 그 바람에 저 또한 공부를 게을리 할 수가 없는 처지입니다. 이것저것 물어오는 불자님이 많이 생겼거든요. 이 모두가 큰스님의 가르침 덕분이겠지요.

아무쪼록 점점 더 깊어가는 동장군의 계절입니다.
언제나 큰스님과 대중스님들, 그리고 사회봉사단 지심회원님들의 마음에 부처님의 지극하신 정성이 함께 하기를 기원 드리며 두서없는 오늘의 글은 이만 줄이겠습니다.

나무 마하반야바라밀.

摩訶般若波羅蜜多心經

觀自在菩薩 行深般若波羅蜜多
時 照見五蘊皆空 度一切苦厄
舍利子 色不異空 空不異色
色即是空 空即是色 受想行識
亦復如是 舍利子 是諸法空相
不生不滅 不垢不淨 不增不減
是故空中無色 無受想行識 無眼
耳鼻舌身意 無色聲香味觸法
無眼界 乃至無意識界 無無明
亦無無明盡 乃至無老死 亦無老
死盡 無苦集滅道 無智亦無得
以無所得故 菩提薩埵 依般若波羅
蜜多故 心無罣礙 無罣礙故 無有
恐怖 遠離顛倒夢想 究竟涅槃
三世諸佛 依般若波羅蜜多

그러면서 여러 스님들의 강의내용과 설법등 알찬 내용등에 강사함도 느끼며 서로은 배움의 시간도 가져봅니다.

시사적인 면이나 불경을 통한 선지식, 그리고 생활향기등. 다양함에 음식으로 치면 일상적인 음식을 벗어나서 새로은 미각을 찾아 여행하면서 느끼는 즐거움과 비견된다고나 할까요?

여챙든 좋았습니다.

넘쳐서 부담되는 맛도 아니고, 못자라서 아쉬운 맛도 아니고. 말 그대로 적당한 현실 만족 입니다.

스님께

따뜻한 봄기운을 육감을 통해 느끼는 3월의 정오 시간, 창밖을 보면서 느낄 수 있는 많은 것을 가리고 있는 방충망을 보면서 개인적으로는 본연의 목적보다는 보이지 않는 더 많은 것의 피해가 있음을 느낍니다. 모기를 비롯한 해충의 침입을 막기 위해서겠지만 봄, 여름, 가을, 겨울의 사계절을 가리지 않고 고정되어 쳐진 방충망은 본래의 목적보다는 마음을 아프게 하는 역할까지도 하고 있음을 방충망을 만든 사람은 모르겠지요. '이 시대의 행정이 대부분 비슷하지 않을까?' 하는 생각이 들며 슬픔을 느낍니다. 작은 것이나 큰 것이나 그릇의 크기와 담을 수 있는 용량이 있음에도 개인의 편리주의에 따라 상대가 겪을 수 있는 피해는 관심이 사라지는 시대적 탁함이, 공기마저 마음 놓고 숨 쉬게 하지 못하는 현 세상과 비교됩니다.

그러다 인연이 닿았는지 얼마 전 계간『지심』을 보게 되었는데, 잊었던 것과 새로운 것, 그러면서도 각인해야 할 것 등 많은 느낌이 들게 되어 반가웠습니다. 여러 스님의 강의 내용과 설법 등 알찬 내용 등에 감사함도 느끼며 새로운 배움의 시간도 가져봅니다. 시사적인 면이나 불경을 통한 선지식, 그리고 생활 향기 등 다양함에 음식으로 치면 일상적인 음식을 벗어나서 새로운 미각을 찾아 여행하면서 느끼는 즐거움과 비견된다고나 할까요? 어쨌든 좋았습니다. 넘쳐서 부담되는 맛도 아니고, 모자라서 아쉬운 맛도 아니고, 말 그대로 적당한 현실 만족입니다.

그러는 가운데 문득 개인적 소견일지언정, 큰스님과 같은 친구가 있다면 얼마나 좋을까? 하는 생각도 해봅니다. 스승과 제자가 아닌, 예의범절 등 형식에 따르는 답답함을 벗어나 자연 그대로의 모습처럼 마음과 마음을 나누는 대화의 장을 가질 수 있는… 물론 스님과 저 또한 한 번의 일면식도 없었지만 가르치는 사람은 그릇으로 치면 꽉 찬 그릇에 비유되고, 모자람이 많은 덜 찬 그릇 같은 저의 입장을 생각하는 바람의 일면입니다. 소견이 예의에 어긋났다면 이해와 용서를 구하겠습니다.

저는 사회적으로 소외당하는 담안의 수형자 생활을 하게 되면서 나의 탓, 남의 탓을 떠나 '왜?'라는 많은 상념으로 고통받고, 후회도 해보았지만 부질없는 행동임을 느꼈습니다.
하루의 생활 중 따뜻한 봄볕을 즐기다가 문득 호미를 들고 땅을 가꾸고 싶은 마음도 가져보기도 하면서 개인적 사담도 포함하여 적었습니다. 어느덧 60년의 삶의 경험에 자연적이 아닌 동물원 사육장 같은 생활이 많다 보니, 즐거움보다 외로움을 많이 갖게 되었고, 허전한 공간 속에 방황하게 된 상념을 떠올려 봅니다.

두서없는 저의 넋두리를 풀어 놓을 수 있어서 감사합니다. 모쪼록 하시고자 하는 모든 일이 공유하는 사람들과 함께 축복을 느낄 수 있기를 소원합니다.

* 본 천수경 붓글씨는 교도소 내 불자님께서 기증하신 작품입니다.

사랑받고 용서 기억된 생주를 자기라 선명하고 존재
안기에 자신의 참 당을 찾아 들어 사는 사람은
광말로 적은 것 같습니다. 그러나 인해 차는 않는
생주를을 하나 하나 파헤쳐 서게 차도록 이끌어
주시는 큰으닝과 제자 씨님들을 만나게 된 저는 세상에
손에 가장 큰 축복 서라 생주을 합니다.

쉰 번째 편지

한여름에 가장 덥다는 중복과 말복 사이의 날씨가 정말 장난이 아닌 듯합니다. 이 무더운 여름날 도각사의 큰스님을 비롯하여 대중스님 모든 분들은 강녕하신지 궁금합니다.

보만스님, 그동안에도 안녕하신지요. 이곳이나 그곳이나 모두 부처님의 법안에 있으니 다행입니다. 이곳은 아무리 바람 한 점 없는 공간이지만 정신의 위대함을 굳게 믿고 있기에 아무리 덥다 한들 더위를 느끼는 감각에는 더위가 없음을 잘 알고 있습니다. 이 모두가 큰스님과 대중스님들의 변함없는 가르침이 있었기에 가능한 일이지요. 그렇기에 저는 늘 생각하고 있습니다. 속세의 사람들은 이곳의 생활이 많이 힘들겠다고 생각하고 있으나 저는 이곳에 있었기에 큰스님의 위대하신 가르침을 받을 수가 있지 않았나 합니다. 이 또한 부처님의 법안에 함께 살아가는 인연의 고리이겠지요. 물론 부처님의 법안에서도 사기꾼들이 득세하고 올바른 선지식과의 인연이 그리 쉽지 않은 세상이지만 큰스님께서는 배운대로 기억하고 행하는 정신의 위대한 능력을 알려주고 계시기에 요즘은 얼마나 행복함을 느끼며 사는지 모르겠습니다.

이제까지의 삶이 잘못되었다는 걸 알게 되면 바꿔야 한다고 믿는 바보였습니다. 잘못 살았기에 지금이 고통스럽다는 것은 누구나 다 아는 일입니다. 그런데 바꾸려는 사람은 많지 않습니다. 사람들은 몸과 기억된 생각을 자기라 인정하고 굳게 믿기에 자신의 참모습을 찾아 돌아서는 사람은 정말로 적은 것 같습니다. 그러나 오해하고 있는 생각들을 하나하나 파헤쳐 이해하도록 이끌어주시는 큰스님과 제자스님들을 만나게 된 저는 지금의 삶이 가장 큰 축복이라 생각합니다. 아무쪼록 무더운 여름을 슬기롭게 보내시고 다음에 뵙는 날까지 강녕하시기 바라오며 두서없는 오늘의 글은 이만 줄이겠습니다.

* 새로 보내주신 법당의 목탁은 늘 감사한 마음으로 사용하도록 하겠습니다.

쉰한 번째 편지

존경하는 이각큰스님께 올립니다.

그동안 법체 청안하옵시며 대중스님들께서도 건강하신지요. 지난 번 도각사에서 보내주신 글월 잘 받았습니다. 서신을 받고 오늘내 일하다 보니 인사가 너무 늦은 듯하여 송구스럽고 죄송한 마음 금 할 길이 없습니다. 하지만 법문을 통해 제 인생을 바꾸어주신 큰스 님, 그리고 대중스님 고마운 은혜 항상 잊지 않고 기억하고 있습니 다.

존경하는 큰스님, 스님께서 매월 세 번째 수요일 본교 집회 시간에 금강경 말씀을 들으면서 '아!' 하는 감탄사가 절로 나왔습니다. 제 가 생전 처음 육근은 눈, 코, 귀, 혀, 몸, 심정과 육진은 색깔, 냄새,

소리, 맛, 감촉, 뜻의 여섯 가지 종류라는 말씀을 해주시고 색, 성, 향, 미, 촉, 법의 여섯 가지가 모이면 대상이 된다. 대상을 이루는 하나하나는 실체가 없다는 말씀, 또한 『불멸』과 계간 『지심』을 통하여 일체유심조, 고집멸도, 지혜의 눈 1, 2 등 주옥같은 글들이 생생하게 잊히지 않고 저의 가슴에 보석처럼 선명하게 다가왔습니다.

또한 집회 시간 2시간 전 교리 시간에 주지 향수스님, 지심회 대표 보만스님, 보리수 교무 월가스님, 재무 성아스님, 편집장 화현스님께서 참석하신 가운데 정성껏 준비해오신 맛있는 여러 가지 떡을 먹으면서 교리를 배웠습니다. 궁금하고 모르는 것에 대해 이해가 잘 가도록 설명해주신 것, 계간 『지심』을 통해 큰스님, 그리고 대중스님께 가르침을 받은 것은 디딤돌로 쌓고 또 쌓고 걸어간다고 생각하면 어느 것 하나 버릴 수 없는 소중한 기억들입니다.

존경하는 큰스님, 이제는 저의 어깨를 짓누르는 고통 속에서 두 손을 놓고 울고만 있거나 부처님을 원망하거나 환경을 탓하지 않고 그저 그때그때 해야 할 일을 즐겁게 생각하는 쪽으로 조금씩 움직여 나아가고 있습니다.

고마우신 큰스님, 이번에 『청송골 수행기』라는 모음집을 기획하게 되었고, 정식으로 출간하는 출판물이니만큼 중앙도서관과 국회도

서관에 납본을 해야 하므로 부득이 책에 가격을 매겨야 한다는 내용, 혹 누군가 책을 구입하겠다고 한다면 수익금은 저희와 교도소 불자들을 위하여 사용할 계획이라는 말씀에 저절로 고개가 숙어집니다.

존경하는 도각사 큰스님, 그리고 대중스님께서 청송골 모음집 편저하셔서 누구나 알기 쉽게 읽고 이해할 수 있도록 일목요연하게 다듬는 수고를 손수 마다하지 않으시고 그 크신 노고에 부끄러운 저 자신이지만 사람으로서 진심으로 머리 숙여 깊이깊이 감사를 드립니다. 아울러 오늘날 수고하여주신 큰스님을 비롯한 대중스님의 업적은 차후 저에게는 길이길이 보전됨과 동시에 청송골 모음집이 크나큰 보물이 되지 않을까 생각해보게 됩니다.
큰스님께서 이번 기회를 빌려 숙고하시어 청송골 모음집을 편저하신 까닭은 자등명 법등명, 그 누구에게도 의지하지 말고 스스로 불을 밝히고 스스로 넘어지면 일어나고 깨우치고 정진하여 자부심을 갖고 늘 자신을 살펴서 경계로 삼아 영구히 빛나는 불자가 되어달라는 큰 뜻이 담겨 있다고 생각을 해봅니다.

존경하는 큰스님, 저는 누구보다도 큰스님을 비롯한 대중스님을 존경하옵기에 고마움을 글로 다 표현하지 못하는 안타까움이 너무나 많습니다. 종종 편지를 통해 건강은 어떠하신지 법회 시간 설해주신 법문 내용을 정리하고 공부를 통해 의문이 생기는 단어, 어려운 문장을 편지를 통해 알고 싶은 마음도 있었지만, 감히 제 주제도 모르고 함부로 보낼 수 없다는 생각에 마음을 접고 있었지만 제 마음속에 한 번도 잊지 않고, 큰스님을 비롯한 대중스님은 제 인생의 큰 스승님으로 기억하고 있습니다.

언젠가 다시 뵙는 그 날엔 아름답게 커 있을 나무처럼 저도 그렇게 올바른 사람이 되어 스님께서 주신 행복한 순간들을 감사, 또 감사 드리며 삼배 올리는 날이 반드시 오리라 믿습니다. 끝으로 이 글이 외람되지 않길 바라며 도각사의 번영과 큰스님과 대중스님의 건강을 기원드리며 이 글월을 줄일까 합니다.

청송골 모음집 기쁜 마음으로 기다리고 있겠습니다. 다시 한번 고개 숙여 감사드립니다.
다음에 또 올리도록 하겠습니다.

아울러 오늘날 수고하여 주신 큰스님은 비롯 대중 스님의
업적은 차후 저에게는 깊이깊이 보전됨과 동시에
청송골 모음집이 크나큰 보물이 되지 않을까
생각을 해보게 됩니다
큰스님께서 이번 기회를 빌어 수고하시어 청송골
모음집 편저 하신 까닭은 자등명 법등명 누구에게도
의지하지 말고 스스로 불을 밝히고 스스로 넘어지면 일어나고
깨우치고 정진하며 자부심을 갖고 늘 자신을 살펴서
경계를 살아 영가히 빛나는 불자가 되어 달라는
큰뜻이 담겨 있다고 생각을 해봅니다

어항의 물고기는 누군가의 손길이 없으면 언제
숨막혀 죽을지 모르지요.
그냥 그냥 하루하루 연명할 뿐이지요.
이웃에서 살아가는 물고기는 지렁이든 떡밥이든
가리지 않습니다.
혹, 잘 못 먹어 배앓이도 하고 소화불량을 일으키곤
하지만 깨달음을 구하여 청정심을 얻고자함은
장다할 수 없지요.
그러나 작금의 현실은 타락지옥이라
감로수 한모금이 생사의 문제가 됩니다.

도각사 스님들께 드립니다.

하늘은 맑고 구름은 덩실덩실 날아다니는군요. 간간이 솔바람이 불어와 등 땀을 식혀주니 자연은 불심의 자비함을 고스란히 가졌습니다. 인연 따라 날아온 도각사의 편지는 아름다운 말씀만 가득 찼네요. 이곳 불자들의 서신을 사용함에 있어 동의를 구하셨지만, 뭐 동의랄 게 있나요. 그저 고맙고 감사하지요.

어항의 물고기는 누군가의 손길이 없으면 언제 숨 막혀 죽을지 모르지요. 그냥그냥 하루하루 연명할 뿐이지요. 이곳에서 살아가는 물고기는 지렁이든 떡밥이든 가리지 않습니다. 혹 잘못 먹어 배앓

이도 하고 소화불량을 일으키곤 하지만 깨달음을 구하여 청정심을 얻고자 함은 작다 할 수 없지요. 그러나 작금의 현실은 화탕지옥이라 감로수 한 모금이 생사의 문제가 됩니다.

그동안 큰스님의 광대무변의 법보시는 사심을 털고 도량을 넓히기에 안성맞춤이었고, 공을 이루기에 부족함이 없었네요. 저 또한 우매한 자였으나 구이지학*의 틀에서 벗어나 자연법칙에 순응하지요. 그래서 이제야 지렁이인지 떡밥인지 구별할 줄 아니 낚싯줄에 걸려 죽을 염려는 없을 겁니다. 정말 감사하지 않을 수 없습니다. 삶은 날씨에 관계없이 일상은 변함없이 열리고 고락은 늘 있으므로 문제가 되지 않으니 탓할 것도 없습니다.

* 구이지학口耳之學
들은 것을 자기 생각 없이 그대로 남에게 전하는 것이 고작인 학문

큰스님, 정말 감사합니다. 그리고 『청송골 수행기』 출간을 정말 축하드립니다. 그럼 연년세세 건강하시고 행복하십시오.

쉰세 번째 편지

큰스님 그간 평안하셨습니까.

대중스님들께서도 그간 강녕하셨는지요.

조석으로 이제는 날씨가 아주 선선해져 건강에 이상은 없으신지 많이 염려됩니다. 지금 창밖은 태풍의 영향으로 비바람이 강하게 몰아치고 있는데, 이번 교리시간에 화현스님께서 강한 바람이 불면 도각사 건물이 휘청휘청 흔들린다는 이야기를 들은 터라 혹여 이번 태풍으로 피해가 있지는 않았는지 걱정과 함께 글을 써 내려갑니다.

방학 기간이었던 8월은 저 스스로의 철창에 갇혀 조금은 힘든 시간이었습니다. 앞으로 오를 산에 비하면 이제 초입길이지만 부지런히 가다가도 이렇게 문득문득 슬픈 물음표가 마음을 침범합니다. 그럴 때마다 해답 없는 문제들이 꼬리에 꼬리를 물고 생각나곤 합니다. 예전엔 그저 한 달이고 두 달이고 하염없이 기다리며 시간이 해결해줄 때까지 아무것도 할 수가 없었는데, 요즘은 이런 잡생각들이 들 때면 큰스님의 법문을 한번 되짚어보고 대중스님들의 말씀들을 곱씹어보며 금세 마음을 또 다잡을 수 있게 되었습니다.

이번에 출간한 『청송골 수행기』를 읽어보니 저뿐만 아니라 많은 불자님들이 이각큰스님을 비롯하여 도각사 스님들께 많은 힘과 용기, 그리고 깨달음을 얻고 있다는 것을 느끼고 있습니다. 이 불자는 한 달에 한 번 있는 교리시간이지만 그곳에 다녀오면 허전했던 마음이 가득 메워져 모든 것이 아름답고 좋아 보입니다. 이런 것이 진정한 행복이 아닐까 합니다. 저에게는 오지 않는 행운을 기다리기보다 이 순간의 행복을 누리는 법이 생각보다 어렵지 않다는 것을 깨닫게 해주는 시간입니다.

예전에 써놓은 버킷리스트를 얼마 전 꺼내어 읽어보다 '인생역전'이라는 글을 써야 하는데 받침을 빼먹고 '인생여전'이라고 써놓은 글을 보았습니다. 순간 '인생여전'이라는 단어가 어찌나 마음에 와 닿던지요. 지금은 자유를 잃고 영어의 몸이 되어 있지만 여전히 건강하고, 여전히 일할 수 있고, 여전히 먹을 수 있고, 여전히 아침을 맞을 수 있다는 것이 어쩌면 '인생역전'이라는 단어보다 저에게는 '인생여전'이라는 말이 더욱 의미 있지 않나 싶어서 고쳐 쓰지 않고 저의 버킷리스트에 그대로 두었습니다.

늘 셋째 주 수요일이면 어김없이 오셔서 불자들에게 좋은 법문으로 많은 깨달음과 부처님의 진리를 전해주시고 가르쳐주시는 이각큰스님, 그리고 짧은 교리시간이지만 매번 저의 마음을 따뜻하게 해주시는 대중스님들 및 지심회 불자님들께 지면으로나마 삼배로써 감사의 마음을 올립니다.

앞으로도 무엇보다 건강을 최우선으로 하시고 불심으로 몸과 마음 모두 평안하시길 바라며 두서없는 글을 이만 줄일까 합니다. 저 또한 열심히 수행하고 정진하여 마음 못지않게 '행'을 우선시하는 불자가 되겠습니다.

이각큰스님 존경합니다.
대중스님들 사랑합니다.
지심회 불자님들 감사합니다.

가야하라. 현재 이곳 종교거실과 불교집회의 행사를 이어갈 사람이 없어서 당분간은 잊기로 하였습니다.

특히 스님과 약속 하였던 내년 초파일에 연등을 더 만들어 드리기로 하였던 약속때문에라도 제가 이곳을 쉽게 떠날수 없는 이유 였습니다.

그동안 저를 비롯하여 이곳의 불자들에게 서무라도 큰 은혜를 베풀어 주셨는데 그 은혜에 조금이라도 보답은 하고 떠나야 하는것이 인지상정이 아닌가 합니다.

스님들에 비하여 많은 부족함이 있는 저 이지만 부처님의 법을 따르는 그 열정만큼은 저 또한 그리 떨어진다는 마음은 아니기에 이제 부터라도 더욱 수행에 정진을 할 것 입니다.

삼보에 귀의하옵고…

예년보다는 조금 이른 추석인데도 절기상 백로도 지나고 하여 새벽
녘의 기온은 많이 떨어지는 듯합니다. 도각사의 큰스님을 비롯하
여 대중스님들은 모두 강녕하신지요.

보만스님, 스님들께서는 추석에 무엇을 하며 지내시는지 문득 궁
금한 생각이 드네요. 절에서는 일반 가정처럼 음식하고 많은 사람
들이 모여 함께 하지는 않을 텐데… 이곳 담 안의 사람들은 연휴를
제일 힘들어합니다. 비좁은 거실에서 여럿이 있다 보니 답답하고,
특히 운동을 할 수가 없으니 더욱 그렇게 느껴집니다. 그래도 이번
의 연휴는 그리 길지 않아서 아주 좋습니다. 저야 늘 하던 공부가 있

기에 아무리 연휴가 길어도 크게 변하는 것은 없었습니다.

그리고 이번에 이곳 교도소에 지진대비 공사를 하게 되면서 내일부터 10월 말까지는 출역을 하지 않게 되었기에 저는 너무도 좋습니다. 그동안 밀린 공부나 하려고 하거든요. 그리고 종교 거실의 불자들에게도 기초적인 불교상식과 목탁연습, 독경연습을 시킬 작정입니다. 이렇게 좋은 기회가 쉽게 찾아오는 것이 아니기에 기회가 왔을 때 좀 더 열심히 하려고 합니다.

그리고 스님, 제가 다른 소로 이송을 가야 하지만 현재 이곳 종교 거실과 불교집회의 행사를 이어갈 사람이 없어서 당분간 있기로 하였습니다. 특히 스님과 약속하였던 내년 초파일에 연등을 더 만들어 드리기로 하였던 약속 때문에라도 제가 이곳을 쉽게 떠날 수 없는 이유였습니다. 그동안 저를 비롯하여 이곳의 불자들에게 너무나도 큰 은혜를 베풀어주셨는데, 그 은혜에 조금이라도 보답은 하고 떠나야 하는 것이 인지상정이 아닌가 합니다.

스님들에 비하여 많은 부족함이 있는 저이지만 부처님의 법을 따르는 그 열정만큼은 저 또한 그리 떨어진다는 마음은 아니기에 이제부터라도 더욱 수행에 정진할 것입니다. 스님께서도 늘 지켜봐 주시옵고 부족한 부분에 대해 언제든 채찍을 가하여 주셨으면 하는 바람입니다.

언제나 열정을 다하여 가르침을 주시는 큰스님께도 늘 감사한 마음을 전하여 봅니다. 그리고 묵묵히 곁에서 응원하여 주시는 대중스님들과 지심회의 회원님들께도 이 지면을 통하여 감사의 마음을 전합니다.

아무쪼록 늘 강녕하시옵고 뵙는 날까지 안녕히 계십시오.

나무마하반야바라밀.

쉰다섯 번째 편지

화현스님 안녕하세요,

저는 2017년 서울에서 수감되었고 상주까지 이송되면서 낯선 상주
에서 남은 시간 여행을 하고 있습니다. 낯선 곳이었지만 불교집회
가 있다고 하여 너무도 반갑고 행복했고요. 매달 셋째 주 수요일 불
교집회에 참석하는 제 마음은 소녀처럼 설레었습니다. 처음 집회
에 갔던 날 스님께서 들어오시며 환한 얼굴로 우리를 반겨주셔서
참 감사했습니다.

그동안 많은 역경을 겪었고, 불교를 공부하며 극복하려고 노력도
했지만 눈물부터 흐르는 슬픔과 원망을 떠나기는 힘들었습니다.
그러나『청송골 수행기』책을 읽으며 제가 조금씩 조금씩 달라짐을

느낍니다. 책 속의 주인공들은 많은 역경이 있었음에도 열심히 정진하는 것을 보며 저 자신이 부끄럽게 느껴졌습니다. 공부하는 것에 때와 장소가 있는 것이 아니라는 것도 다시금 되새기게 되었습니다. 무엇보다 참회하고 새로운 눈으로 세상을 보는 내용들이 저에게는 '너도 변화할 수 있다'라는 응원의 메세지처럼 들렸습니다. 또 상주에서 남은 시간은 1년 정도인데, 방학 동안만이라도 『지심』 책을 반복해 정독해보려 합니다. 스님의 말씀대로 마음에 담아 살아가며 수행을 해보려 합니다. 상주에 있는 동안이라도 『지심』책을 볼 수 있게 해주시면 좋겠습니다.

이제 며칠만 있으면 스님의 법회를 들을 수 있겠네요. 많이 기다려지고 보고 싶습니다. 화현스님의 법문을 듣고 있으면 제가 얼마나 위대한지, 또 바른길이 어떤 것인지 알게 됩니다. 화현스님께 처음으로 제 마음을 전하며 많이 서투른 내용이지만 이해해주시길 바랍니다.

저 또한 지심회와 작은 인연이 되고 싶고, 봉사에 전념하시느라 노고가 많으신 모든 분들의 건승을 기원합니다.

이승가기전 이각스님께서 지으셨고
보인스님. 하현스님께서 엮으신 불멸 1권짜리 책을
주고 갔는데 책을 펴는 순간 망치로 머리를
맞은듯한 충격을 받았습니다.
불자가 불교공부를 깊게하진 않았지만 평소
생각했던 모든것을 뒤집어 엎는듯한 내용에
충격을 받았지만 점점 무아지경에 빠진듯
몇시간을 앉은자리에서 책을 붙잡고 있었는지
모르겠습니다. 그것도 한단락에서 계속
되되이고 되되이면서 점점 깊게 빠져들다가

쉰여섯 번째 편지

이각큰스님 그간 평안하셨습니까.

대중스님들께서도 무탈하셨습니까.

많이 차가워진 날씨에 몸 상하신 곳은 없으신지요. 불자는 스님들께서 염려해주신 덕에 늘 그렇듯 건강하게 잘 지내고 있습니다.

이번에 갑자기 불교회장 형이 이송을 가게 되어 불자가 이끌고 가야 하는 상황이 되었습니다. 앞서 회장 형이 너무 잘해주셔서 부담도 많이 되고 우선 저 스스로가 아직 많이 부족함을 느끼기에 이런 자리는 원하지 않았는데 이곳 직원들 및 종교사동에 동료 수용자들의 적극 지지로 자격이 되지 않음에도 우선 임시로 맡게 되었습니다. 회장 형에게 아직 배울 것도 많고 손발이 잘 맞았는데 너무 갑

자기 헤어지게 되어 많이 아쉽습니다. 정도 많이 들었던 터라 그립기도 하지만 이곳보다 좋은 환경으로, 좋은 일로 이송을 간 것이니 멀리서나마 응원하고 축하해주고 있습니다. 이송을 가기 전 이각스님께서 지으셨고 보만스님, 화현스님께서 엮으신『불멸1』을 주고 갔는데 책을 펴는 순간 망치로 머리를 맞은 듯한 충격을 받았습니다.

불자가 불교 공부를 깊게 하진 않았지만 평소 생각했던 모든 것을 뒤집어엎는 듯한 내용에 충격을 받았지만 점점 무아지경에 빠진 듯 몇 시간을 앉은 자리에서 책을 붙잡고 있었는지 모르겠습니다. 그것도 한 단락에서 계속 되뇌고 되뇌면서 점점 깊게 빠져들다가 무언가 번쩍하고 깨닫는 것이 있을 때면 이루 말할 수 없는 기분에 빠지곤 합니다. 아직 완전히 이해하지 못하는 부분도 있고 어려운 부분도 있지만 시간을 가지고 천천히 수행하겠습니다.

불과 1년 전만 해도 스스로의 죄책감에 빠져 아무 의미도, 희망도 없는 시간들을 흘려보내고 숨만 쉬며 살아가고 있었는데 1년이라는 시간 동안 이렇게 많은 것이 바뀌고 계속 무언가 궁금하고 의미 있는 삶이 되기까지 이각큰스님을 비롯한 도각사 스님들께서 불자에게 많은 깨우침을 주셨습니다.

늘 감사히 생각하고 있음에도 스님들께 받은 마음을 표현하기가 어려워 수행을 게을리하지 않는 것으로 이 마음을 대신하고 있습니다. 스님들께서도 건강관리 잘하셔서 더욱 많은 불자들에게 부처님의 가르침을 알려주시길 바라며 오늘은 불자의 두서없는 글을 줄일까 합니다.

동장군의 계절이 시작되는 시점에 몸도 마음도 모두가 따뜻해지는 일들만 가득하시길 바라겠습니다.

존경하는 큰스승님

좋은 일이 가득했던 한 해가 저물어가고
더 좋은 일이 기다리는 새해가 다가오는 것 같습니다.
새해에도 우리 큰스승님이 지금보다 더 건강하시기를

더 웃으시기를 더 기뻐하시기를
소원합니다 큰 스승님 ~

늘 그립고 다투운 영화들과 중생들의 삶에 독자에
한 자리를 차지 하시어 꽃나무를 심어주시니
그 꽃나무가 푸르디푸른 숲으로 울창하게 변해가고
꽃들이 만개하여 깨달음의 꽃비가 온천하에 내려
그마음이 늘 벅찬 감동으로 다가와 주셔서 감사드립니다

그리운 마음 가득 담아서

쉰일곱 번째 편지

존경하는 큰 스승님

좋은 일이 가득했던 한 해가 저물어가고 더 좋은 일이 기다리는 새해가 다가오는 것 같습니다. 신년에는 우리 큰스님이 지금보다 더 건강하시기를, 더 웃으시기를, 더 기뻐하시기를 소원합니다. 큰 스승님!

늘 그립고 아쉬운 영화 같은 중생들의 삶의 터전에 한자리를 차지하시어 꽃나무를 심어주시니 그 꽃나무가 푸르디푸른 숲으로 울창하게 번져나가고 꽃들이 만개하여 깨달음의 꽃비가 온 천하에 내려 그 마음이 늘 벅찬 감동으로 다가와 주셔서 감사드립니다.

그리운 마음 가득 담아서…

//月 교리시간에 저희 수용자를 위해 항상 무엇하나 라도 더 챙겨시고 하시는 보만 스승심의 고마운 마음과 본심을 한번더 느끼며 감사 하게 생각 드랍니다.

이각 큰 스심의 법문 "아뇩다라 삼먁 삼보리, "여래,,의 큰뜻을 되새기며 오늘도 하루의 삶에 대해 반성을 하면서 공부에 열중 하려 합니다.

조각사 공사에 막바지를 향해 가고 있으시 사고 보월러가 들어오고 하나 하나 만들어 지고 있는 조각자를 저의 마음 속에 그림을 그리고 보고 상상을 하고 있습니다.

언제나 변함없이 선한 눈망울을 지니신 보만스승님 전에 올립니다.

11월 교리시간에 저희 수용자를 위해 항상 무엇 하나라도 더 챙기시는 보만스승님의 고마운 마음과 불심을 한 번 더 느끼며 감사하게 생각합니다. 이각큰스님의 법문 '아뇩다라삼먁삼보리'와 '여래'의 큰 뜻을 되새기며 오늘도 하루하루 삶에 대해 반성을 하면서 공부에 열중하려 합니다. 도각사 요사채 공사가 막바지를 향해 가고 있다고 하시니, 보일러가 들어오고 하나하나 만들어지는 도각사를 마음속에 그려보고 상상하고 있습니다. 저의 보만스승님께서 기거하시는 도각사의 아름다운 풍경과 웅장한 대웅전의 모습도 지금은 함께할 수 없지만 마음은 공사 운력을 하고 있고, 기도드리고 있습니다.

지금은 보만스승님의 도움을 받고 있지만 얼마 지나지 않으면 저도 다른 누군가에게 도움을 줄 수 있는 사람 냄새나는 사람으로 거듭 태어나 보만스승님의 가르침을 실천하고 싶습니다.

이각큰스님의 법문에 아름다운 산인데도 '악산惡山'이라고 불리는 이유는 오르기 힘든 산이기 때문이라는 말씀을 듣고 스스로를 힘들게 하는 것이 곧 악함이었음을 알게 되었습니다. 매월 셋째 주 수요일 법회가 기다려지는 것은 이각큰스님의 사자후를 듣고 나면 지난 이렇게 살아온 과거가 반성이 되고, 많은 깨달음을 얻게 되기 때문인 것 같습니다.

보만스승님, 이제 제법 날씨가 차가워지고 있습니다. 하루빨리 도각사 공사가 끝나고 아늑하고 따뜻한 곳에서 이각큰스님과 보만스승님, 도각사에 계신 모든 스님들 모두 부처님의 가르침대로 중생을 구원하실 수 있길 기도합니다. 항상 건강하시고 부처님의 가피가 가득하시길 바랍니다.

아 참, 보만스승님 매번 도움을 받아오고 있으나 이렇게 또 결례를 범하는 것이 아닌지 모르겠습니다. 이각큰스님의 『불멸1』 책을 여러 경로로 알아보았으나 도저히 구할 수가 없어 부탁드립니다. 저는 마약사범이라 외부에서 책을 받아볼 수가 없습니다.『청송골 수행기』처럼 이곳 사회복귀과를 통해 받아볼 수 있게 해주시면 고맙고 감사하게 읽고 돌려드리겠습니다. 부탁드립니다.

보만스승님 사랑합니다.

그리고 월가스님과 화현스님, 도각사의 스님들께도 안부전해주세요. 건강하시라고 말입니다.

경자년 새해가 밝았고 또 늘 그리하듯이
세월은 흐르고 있고. 우리네 중생들은 그저
그렇게 이 시간들을 맞이하고 또 보내고
있습니다.
늘 무심코 지나쳤던 일상의 생각들과 습으로
인한 무명에서 어느정도 벗어나 부처님의
법 속에 있다는 생각이 들다가도 또다시
그렇지 못하고 있음을 인지하게 되고 …
이러한 일들이 수없이 되풀이 되고 있습니다.
아직도 저의 결의와 정진이 부족한데서
원인을 찾아야 겠지요.

월가스님께 올립니다.

먼저 큰스님께서 강건하시길 기원드리오며 여러 대중스님들께도 문안 여쭙니다. 그동안 잘 지내고 계시는지요?

경자년 새해가 밝았고, 또 늘 그러하듯이 세월은 흐르고 있고 우리네 중생들은 그저 그렇게 이 시간들을 맞이하고 또 보내고 있습니다. 늘 무심코 지나왔던 일상의 생각들과 습으로 인한 무명에서 어느 정도 벗어나 부처님의 법 속에 있다는 생각이 들다가도 또다시 그렇지 못하고 있음을 인지하게 되고… 이러한 일들이 수없이 되풀이되고 있습니다. 아직도 저의 결의와 정진이 부족한 데서 원인을 찾아야겠지요.

의식하지 않는 저의 일상의 모든 행동거지가 어느 곳에도 걸리지 않고 모자람이 없는 큰스님과 제자스님들 같기를 소망합니다. 어느 하루, 한 생각에도 월가스님의 은덕이 늘 부족한 저를 지켜주셨습니다. 그립습니다! 또한 감사드립니다.

이곳 강릉에서도 도각사의 큰스님과 제자스님들을 오매불망하고 있습니다.

"사랑합니다!"

또 서신 올리겠습니다.

사단법인 보리수 산하

새로고침 멘토링센터, 불경해석전수도량 도각사에서는

정기적으로 교도소를 방문하여

올바른 견해를 세우고, 그 견해로 세상을 바라볼 수 있도록

강의와 법회를 진행하고 있습니다.

교도소 내 불자님들의 교육과 갱생을 위해

후원해주실 분들을 기다리고 있습니다.

가장 외롭고 어두운 곳에 희망을 전달하실 분들은

아래의 전화 또는 홈페이지로 문의하여 주시기 바랍니다.

사단법인 보리수 사무실 054-541-2057

2gak.com